子どもの人権と学校図書館

渡邊重夫
Shigeo Watanabe

青弓社

子どもの人権と学校図書館　目次

はじめに 9

第1章 子どもの学習権を保障する学校図書館 16

1 「本の中の言葉」がぼくの「味方」に 16
2 学校図書館と「教育を受ける権利」(憲法第二十六条) 26
3 学習権の保障装置としての学校図書館 33
4 学習権と学校図書館――「教育課程の展開に寄与する」と関わり 37
5 学習権と学校図書館――「児童生徒の健全な教養を育成する」と関わり 50
6 十八歳選挙権と学校図書館 58

第2章　学校図書館と子どものプライバシー
——「貸出記録」を軸に　76

1　内心とプライバシー　76
2　プライバシーの権利　82
3　学校図書館とプライバシー——「貸出記録」との関連　89
4　学校図書館とプライバシー——「読書記録」との関連　109

第3章　学校図書館とレファレンスサービス
——子どもの「知りたい」に応えたい　126

1　図書館資源の社会的共有——レファレンスサービスの重要性　126

2 「調べる」図書館像の希薄さ 130
3 レファレンス演習を通じて 140
4 レファレンスサービスの種類 149
5 質問内容を正確に把握する 158
6 レファレンス資料を整備する 162
7 コンピューター社会とレファレンス 170
8 教師へのレファレンスサービス 175
9 レファレンスの「相互協力」について 179

第4章 「学び方の学び」と学校図書館
——「コペル君」、何が正しいかを自ら考え、判断する 188

1 「自ら考え、自ら判断する」 188
2 「学び方の学び」——学びの質的転換を生み出す 194

3 情報の検索、処理技術と結び付いた「学び方」 205
4 「学び方を学ぶ」指導としての利用指導——一九八〇年代から 209
5 「学ぶ方法を、組織的に学ぶ場」としての学校図書館 217
6 「学び方を学ぶ」ための体系表——一九九〇年代から 220
7 「学びの過程の重視」——新学習指導要領 227

装丁――神田昇和

はじめに

シャーロック・ホームズや怪盗ルパンを読んでいた少年が、中学生になって学校図書館から伝記を借りて読むようになった。「偉人」の生き方に心を動かされたのだと思います。その図書館は、いま思えば小さな図書室でしたが、当時の少年には「いっぱい」本が並んでいたように見えました。私の学校図書館利用の原風景です。それ以来、高等学校を経て大学図書館、公共図書館など、図書館には本当にお世話になりました。

「図書とは人類の記憶を保存する一種の社会的メカニズム」であり、「図書館はこれを生きている個人の意識に還元するこれまた社会的な一種の装置といえる」とは、ピアス・バトラー『図書館学序説』(1)の一節です。人間は、メソポタミアの時代から、記憶をメディア（粘土板）に記録し、のちに紙メディアに記録し、「本（書物）」として保存してきました。その本を収集・整理し、利用に供する知識や情報の社会的保障機関が図書館ですが、後日、その図書館のことについて、拙論を書くことになるとは思いもよりませんでした。

学校図書館に興味をもってから三十余年が過ぎました。その興味の原風景に、少年時代の学校図書館の様子が頭をよぎります。私が通っていた学校図書館は、どのような役割を有していたのか、そのことが自らの研究を通して明らかになるにつれて、学校図書館をさらに知りたいと思うようになっていきました。

本書で論じることとは、学校図書館はその機能の発揮を通じて子どもの人権を確保する役割を担っている、ということです。日本国憲法は「すべて国民は、(略)ひとしく教育を受ける権利を有する」(第二十六条)と規定しています。教育を「権利」という視点から規定したこの条規はわが国の教育の基本に据えられると同時に、学校図書館はその法意を実現すべき任務を担っているのです。

学校図書館とは、「学校教育に欠くことのできない」教育環境(学校図書館法第一条)です。学校図書館は、学校教育に組み込まれていることから、学校図書館を学ぶことは同時に、学校教育を学ぶことでもあります。そして、教育をめぐる時代状況を把握することであり、何よりも子どもを知り、子どもから学ぶことでもあります。一つの研究領域の広さと奥深さに圧倒されながら、私は学校図書館を知りたいと思い、研究を続けてきました。

最近、『君たちはどう生きるか』(吉野源三郎、〔岩波文庫〕、岩波書店、一九八二年)が再び脚光を浴びています。そのなかに、主人公コペル君の叔父さんが、コペル君に宛てた手紙に、次のような一節があります。二つ紹介します。

もしも君が、学校でこう教えられ、世間でもそれが立派なこととして通っているからといって、ただそれだけで、いわれたとおりに行動し、教えられたとおりに生きてゆこうとするならば、

――コペル君、いいか、――それじゃあ、君はいつまでたっても一人前の人間になれないんだ。（五五―五六ページ）

だからねえ、コペル君、あたりまえのことというのが曲者《くせもの》なんだよ。わかり切ったことのように考え、それで通っていることを、どこまでも追っかけて考えてゆくと、もうわかり切ったことだなんて、言っていられないようなことにぶつかるんだね。（八一―八二ページ）

学校や社会で通っている「あたりまえ」のことを疑い、疑問をどこまでも追いかけ、自分で考え「一人前の人間」になるんだと。情報が統制されていた軍国主義の時代に（一九三七年）、叔父さんは、コペル君に「あたりまえのこと」に疑問をもつことの大切さをアドバイスしています。

戦後教育の出発期に、『新教育指針』（文部省、一九四六年）という文書が出されました。そこで求められた子ども像は、「教師が教えることに無批判的に従う」のではなく、「自ら考え、自ら判断できる」子どもでした。「学校で教えられ、いわれたとおりに行動しては、コペル君、一人前の人間になれないんだよ」。叔父さんの言葉を受け止めたかのような人間像です。

『新教育指針』が発表されてから七十余年を経た今日、時代は大きく変わりました。しかし叔父さんは、いまなお「君たちは「一人前の人間」として自分で考え、自分で判断しているのか」と問いかけています。そして今日、「いわれたとおりに行動し、教えられたとおりに生きて」いくことの容易さ、それに比して「あたりまえのことを疑うこと」の困難さが横溢しています。そして、こうした傾向はいま現在、いつどこででも見られる思考と行動様式です。そのため、叔父さんのアドバイスは、八十余年を経たいまもなお、読む者の心を捉えているのです。

学校図書館は戦後、この「自ら考え、自ら判断する」子どもを育てるための教育装置として誕生しました。学校図書館法の提案理由（一九五三年）には、「画一的詰込式教授法」によらずして、「児童生徒の自発的学習形態」をとることの重要性が指摘されていました。「自ら考え、自ら判断する」子どもの育成です。その「自ら考え、自ら判断する」子どもは、自分の生き方を自らの意思で決していく主体的な人間、「あたり前のこと」を疑い、自己形成を図っていく人間です。学校図書館法は、そうした子どもの育成を図ることと深く関わり誕生しました。それは、子どもを学びの「客体」ではなく、権利「主体」として位置づけることでもあります。

その権利主体としての子どもが、「自ら考え、自ら判断」できるようになるためには、何よりも多様な情報が必要であり、同時にその情報を読み解く力が必要です。そのため、学校図書館には資料とサービスをもって、子どもの学びと育ちを支えていくことが求められているのです。

本書は、こうした問題意識をもとに、今日の学校図書館が抱えている諸課題を四章に分けて論じます。

第一は、学校図書館と子どもの「成長・発達の権利」（学習権）との関連についてです。学校図書館法は個性尊重と画一型教授法の転換を目指して制定されましたが、その誕生のベクトルは、子どもの「学び」を保障することによって、自主的・主体的な子どもを育てることに向かっています。

今日、学校図書館はどのような意味で学習権保障の一翼を担っているのか、その点について学校図書館法に規定された学校図書館の二つの目的規定(「教育課程の展開に寄与」「児童生徒の健全な教養の育成」)をもとに論じました。また、十八歳選挙権が実現した今日、子どもにはこの国の未来を考え、社会に参加していく主権者としての資質が求められています。学校図書館は、多様な情報の提供を通じて、この十八歳選挙権を支えていく役割を担っていることについても論じます(第1章「子どもの学習権を保障する学校図書館」)。

第二は、その子どもの学習権が確保されるためには、学校図書館を利用する子どものプライバシーが保障されなければなりません。本(書物)は、著者の「思い」(思想)を体現したものですから、その著作に触れることは、子どもの思想形成と人格形成にも影響を与えます。そのため、学校図書館には「何を読んだか」を詮索されない自由な雰囲気が必要です。そうした点から、学校図書館の「貸出記録」の扱い方とプライバシーとの関連について論じます(第2章「学校図書館と子どものプライバシー――「貸出記録」を軸に」)。

第三は、学校図書館は「読み物」の館であると同時に「調べもの」の館でもある、ということです。子どもの疑問・興味に、学校図書館は資料とサービスをもって応えたい、その方法の一つが、レファレンスサービスです。そして、子どもが知りたい事柄に学校図書館が丁寧に応えることは、子どもの学習権を保障することでもあります。そうした点から、学校図書館でのレファレンスサービスのあり方について論じます(第3章「学校図書館とレファレンスサービス――子どもの「知りたい」に応えたい」)。

第四は、「学び方の学び」と学校図書館との関連についてです。子どもが「学び方」を身に付けられるようになれば、子どもの学びは主体的・能動的なものへと転換していきます。そうした「学び方」のありように、学校図書館は誕生以来、関わってきました。そして今日、その「学び方」は「どのように学ぶか」（学びの質や深まり）の重要性の指摘とともに、新学習指導要領にも登場するようになりました。学校図書館を軸とした「学び方の学び」の変遷を通じて、子どもの主体的・能動的な学びのあり方について論じます（第4章「「学び方の学び」と学校図書館――「コペル君」、何が正しいかを自ら考え、判断する」）。

本書は、私にとっては十三冊目の単著です。今回も青弓社から刊行することになりました。矢野恵二氏には『図書館の自由と知る権利』（青弓社、一九八九年）以来、長年にわたってお世話になりました。

また、私の研究・執筆を励まし続けてくださった山崎響氏。氏の励ましがなければ、本書も世に出ることはありませんでした。非力な私に「書く力」を与えてくださった山崎氏に心からお礼を申し上げます。

二〇一八年六月十九日

注

（1）ピアス・バトラー『図書館学序説』藤野幸雄訳、日本図書館協会、一九七八年、二三ページ

第1章　子どもの学習権を保障する学校図書館

1　「本の中の言葉」がぼくの「味方」に

「ファースト・アメンドメント」（アメリカ修正憲法第一条）

「でも興奮するな。今まで学校で、こんなに興奮するってことなかった。ファースト・アメンドメントは、今や、ぼく個人のものになったんだ。本の中の言葉にすぎなかったのに。ぼくの味方って気がする」(1)

アメリカ文学を代表する作家マーク・トウェインの名作に『ハックルベリー・フィンの冒険』(2)（以下、『ハック』と略記）があります。この一節は、『ハック』が授業だけでなく学校図書館からも追放されようとする、それに抗し、修正憲法第一条をたてに『ハック』を守ろうとした生徒・教師、図書館司書の連帯のドラマ『誰だ ハックにいちゃもんつけるのは』の一節です。そして「ぼく個人のものになった」というファースト・アメンドメント（First Amendment）とは、アメリカ修正憲法第一条のことです。その修正第一条は、次のように規定しています。

連邦議会は、国教の樹立を規定し、もしくは宗教の自由な礼拝を禁止する法律を制定してはならない。また、言論および出版の自由を制限する（略）法律を制定してはならない。(3)

政教分離、信教の自由、言論・出版の自由などの保障です。ドラマは、この修正第一条をたてに、学校図書館から『ハック』を排除しようとする校長に生徒らが抗議し、ついには撤回させたハイスクールを舞台にしたドラマです。「今や、ぼく個人のものになった」というセリフからわかるように、修正第一条が日々の生活のなかで生かされていく様子がここでは描かれています。憲法という「法典」が自分の行動の指針となっていく、その過程に子ども自らが関わることによって、「本の中の言葉にすぎなかった」憲法が「ぼくの味方」になっていったのです。いわば、修正第一条（言論・出版の自由）に規定された権利を具体化する行為によって、権利は「ぼく」のものになったのです。その意味で、このドラマは一つの権利が単なる文字ではなく、自分の内に取り込まれ、子どもが一人の人間として自立していく過程をも描いています。

「本の中の言葉」——憲法の規定

「本の中の言葉」、その「言葉」(人権)を体系的に規定したのが憲法です。アメリカ修正憲法は、「言論・出版の自由」だけでなく多くの人権を規定していますが、この憲法には権力の恣意的支配を制限することによって、国民の人権を守るという近代憲法の基本的原則が明確化されています。いわゆる立憲主義の原則です。

日本国憲法も二十世紀中葉に成立した憲法として、自由権、社会権、参政権などの各種の人権を保障しています。そして、その第十一条は次のように規定しています。

国民は、すべての基本的人権の享有を妨げられない。この憲法が国民に保障する基本的人権は、侵すことのできない永久の権利として、現在及び将来の国民に与へられる。

ですから、日本国憲法でも人権は「本の中の言葉」ではなく、「ぼくの味方」として規定されている「はず」です。しかし、その「言葉」はなかなか実感できません。その理由の一つは、憲法典の「言葉」は、その言葉を獲得してきた歴史と深く結び付いているからです。例えば、人権の享有主体である「個人」(第十三条)は、身分制度や家族制度からの解放と不可分であり、わが国の「平和」の問題は満州事変から敗戦にいたるまでの長い辛酸の歴史と深く関わっています。

またアメリカ修正憲法第一条に規定されている表現の自由は、わが国の憲法では第二十一条(集会・結社、表現の自由）に規定されていますが、この規定も戦前の言論・思想弾圧の歴史の反省と表裏一体です。憲法施行六年後の一九五三年に刊行された憲法の解説書である『註解日本国憲法』（法学協会）は、明治憲法での言論・出版条項（第二十九条）が、「法律ノ範囲内」での保障であったことを指摘した後、「これらの制限の下に、思想表現の自由が現実にいかに圧迫され、その結果、わが国の政治がいかに非民主主義的にならざるを得なかったかについては、改めて述べるまでもない」と解説しています。[4]「改めて述べるまでもない」とするその代表が、治安維持法をはじめとした法律による言論・出版活動の抑圧です。そうした歴史の反省のうえに、今日の第二十一条が規定されたのです。こうした経緯をふまえると、次に引用する日本国憲法第九十七条（基本的人権の本質）の意義がよくわかります。同条は、次のように規定しています。

この憲法が日本国民に保障する基本的人権は、人類の多年にわたる自由獲得の努力の成果であつて、これらの権利は、過去幾多の試錬に堪へ、現在及び将来の国民に対し、侵すことのできない永久の権利として信託されたものである。

現在に至る個々の人権保障の背後には、世界史的規模でそれを獲得しようとした数々の歴史が潜んでいることを教えてくれます。ここで示されているのは「人類」の多年にわたる自由獲得の歴史です。こうした規定は、『誰だ　ハックにいちゃもんつけるのは』のなかで、『ハック』を守ろうとした人たちのよりどころでもあるヴァージニア権利章典（Virginia Bill of Rights）とも関連しています。『ハック』の舞台となった「ジョージ・メイソン高校」の校名の由来について、歴史の教師が『ハック』を排除しようとした校長に抗議をするなかで、次のように述べています。

ジョージ・メイソン——いやしくも、わが校の名は、この人の名に由来します[5]——は、こう言っております。一七七六年のことです。この年代をお忘れにならないように！

一七七六年は、アメリカが独立し、そしてヴァージニア権利章典が出された年です。この宣言は世界最初の人権宣言で、万人が生まれながらにして有する権利（自然権）を認め、政府が信託に反して人民の権利を奪うときは人民に「抵抗権」を付与した宣言として知られています。そして「言論出版の自由は、自由の有力なる防塞の一つであって、これを制限するものは、専制的政府といわなければならない[6]」（第十二条）と規定しています。この宣言の起草者の一人がジョージ・メイソン（一七二五—九二）であることから、『誰だ ハックにいちゃもんつけるのは』でのジョージ・メイソン高校の校名は、その名にちなんでいるといいます。

そして、前述の『註解日本国憲法』は、この第九十七条（基本的人権の本質）の解説のなかで、欧米の「人権のための激しい闘争」の一例として、アメリカの独立とアメリカ憲法の制定をあげ、「自由のための闘争は、決して担々たる道をたどつたのではなかった」として、次のように述べています。

基本的人権を唱っている各条文は、その戦いのために斃れた幾多の戦士の流血に彩られている。このような自由獲得のための、絶ゆることのない努力を通じてのみ、基本的人権の真の意義が理解できるのであり、この憲法の予想する自由の花園には、国民自身のあらゆる試練を克服するだけの自覚をまつてはじめて花咲くのである。(7)

「斃れた幾多の戦士の流血」、その対極としての「自由の花園」。そして「試練を克服するだけの自覚」など、こうした解説を読むにつけ、歴史に学び、歴史に道を尋ねることは、人権の何たるかを知るためにも大切なことだと思い知らされます。『ハック』を守ろうとした人たちをはじめ、「でも興奮するな」という思いを抱いた「ぼく」（『誰だ ハックにいちゃもんつけるのは』に登場する主人公）も、自分の学校の歴史を知ることを通して、ファースト・アメンドメント（修正憲法第一条）を「味方」にしていったのです。

同時に、人権の何たるかは、いま生きている「この社会」を見つめ、そのありようを見つめ直すなかでも実感できるものだと思います。ブラック企業、子どもの貧困、いじめ・体罰、さらには教育も政治、そのいずれもが人権と結び付いています。そう思うと、私たちの日常生活も、この国の現状も、人権をないがしろにした「言葉」（人権の不履行）にあふれていることを思わずにはいられません。「わが国全土にわたつて自由のもたらす恵沢を確保」（日本国憲法前文）することを決意したのは七十余年前、しかしその「自由のもたらす恵沢」の確保は道半ば、「人権」の保障もまた道半ばです。それだけに、その不履行（「不作為」）の一つひとつに疑問をもち、問い直し、そして権利を具体的に行使（「作為」）することによって、「言葉」は獲得されるのだと思います。わが国の憲法第十二条は、次のように規定しています。

この憲法が国民に保障する自由及び権利は、国民の不断の努力によつて、これを保持しなければならない。

「障壁」に囲まれた人権

多くの人が苦闘のなかで獲得してきた人権とは、「人」の権利の名のとおり、人間が人間として生きていくための、また人間の尊厳にとって不可欠な価値です。そして、人権の尊重は民主主義思想の根本に位置づけられるもので、民主主義社会の発展と不即不離の関係にあります。

しかしその人権は、長きにわたり特定の人たちの独占物でした。出生、身分、財産、ありとあらゆる理由によって、人と人との間には高い「障壁」が築かれていました。そして本を読むことも、そうした障壁によって阻まれていました。高い高い障壁です。

〈いずれの読者にもすべて、その人の図書を〉。この「ことば」は、インドの図書館人・ランガナタン（S.R.Ranganathan、一八九二―一九七二）の名著『図書館学の五法則』[8]で述べられた第二法則です。この法則の前提には、「本が教育の道具である」という考えがあります。それは、本が「教育的価値」を有しているからです。本を通して教育をしようという考えです。しかし、ランガナタンは「だれでも教育を受ける資格があるだろうか」という疑問を歴史的にたどると、この法則もまた、苦闘の歴史をたどることになるといいます。本を読むことの前にも大きな「障壁」が築かれていたのです。「知」の独占が権力の維持装置であり、「知」の前には大きな障壁が築かれていました。それはわが国でも同様です。新聞紙条例、讒謗律《ざんぼうりつ》（一八七五年）から始まり、治安維持法などにいたる言論弾圧立法もまた、「知」の独占を通して、権力に対する批判的「知」を抑制する装置だったのです。

人権確保の橋頭堡としての学校図書館

「すべて人は、人種、皮膚の色、性、言語、宗教、政治上その他の意見、国民的若しくは社会的出身、財産、門地その他の地位又はこれに類するいかなる事由による差別をも受けることない」。この規定は、世界人権宣言（一九四八年）の第二条で、人権保障の国際的スタンダードとして認知されています。

そしてわが国でも、その人権の享有主体は、子どもを含むすべての国民です。日本国憲法は、第十一条で次のように規定しています。

国民は、すべての基本的人権の享有を妨げられない。この憲法が国民に保障する基本的人権は、侵すことのできない永久の権利として、現在及び将来の国民に与へられる。

基本的人権の「普遍性、不可侵性、永久性、固有性」という根本的性格を宣言しています。[9]教育は、その人権と深く関わっています。特に学校教育は、子どもの未来を社会総体が支え発展させるべく、様々な法規によって制度化された公教育です。教育を受けることで、子どもは「人間」を獲得していくのです。そして、教育を支えるために、学校には様々な人的・物的装置が用意されています。教授者である教師、教授内容としての教育課程、教授・学習をおこなう教室などの施設・設備、そして教育方針など、それらが相互に関連し合いながら、学校は教育という持続的な活動を担っています。

学校図書館もまた、そうした活動を担うものの一つです。学校図書館は、日々の授業や読書を図書館資料の提供と「人」（司書教諭、学校司書など）のサービスを通じて、学校教育を支える教育環境です。そしてその営みを通して、子どもの人権確保の橋頭堡としての役割をも果たしています。次の文は、一九九九年に参議院で決議された「子ども読書年決議」の一節です。

読書は、子どもたちの言葉、感性、情緒、表現力、創造力を啓発するとともに、人としてよりよく生きる力を育み、人生をより味わい深い豊かなものとしていくために欠くことのできないものである。

この決議は同時に、「われわれは、二十世紀の反省と教訓の上に立って、新しい世紀を担う地球上のすべての子どもたちに、人権を尊重し、恒久平和の実現と繁栄に努め、伝統的な文化遺産を継承することを託さなければならない」とも述べています。読書の重要性が、人権尊重、恒久平和の実現とともに、「二十世紀の反省と教訓の上に」あることが示されています。その子どもの読書を日常的に支える教育環境が学校図書館です。

子どもが、本を読むことによって自己実現を図っていく、あるいは社会の構成員としてこの社会の様々な営みにアクセスする、さらには真実とは何かを探究する、そうしたプロセスは、成長・発達していく一個人として、自己をさらなる高みに導いていく営みです。このようなプロセスを社会的に保障することは、健全な社会を永続させていくための要件です。さらに、そのプロセスに子ども自身が自立した「主体」として参加することには、大きな意義があります。『誰だ ハックにいちゃもんつけるのは』に登場する生徒たちは、修正第一条の権利を自ら行使することを通じて、自らを成長・発達の個体として確立させていったのです。

先の「子ども読書年決議」（衆議院決議、一九九九年）は、「本とふれあうことによって、子どもたちは言葉をまなび、感性を磨き、表現力を高め、創造力を豊かなものにし、人生をより深く生き抜く力を身につけることができる」と宣言しています。本を通して子どもを育てていきたい、それは今日の社会が抱いている共通の思いです。本章では、こうした問題意識をもとに、子どもの人権と学校図書館との関連について論じていきます。それはとりもなおさず、「言葉」を「ぼくの味方」にすることを論じることでもあるのです。

2　学校図書館と「教育を受ける権利」（憲法第二十六条）

「義務」から「権利」へ

学校図書館は、それ自体独自の存在ではなく、学校教育に組み込まれた存在です。学校図書館法は、学校図書館を「学校教育に欠くことのできない基礎的な設備」（第一条）と規定しています。この条文はその組み込みの規定です。それだけに、学校図書館のありようは学校教育のありようと深く関わっています。

そして今日、わが国の学校教育は、人権のカタログに位置づけられた社会的システムです。その教育の権利性について、憲法第二十六条は、次のように規定しています。

すべて国民は、法律の定めるところにより、その能力に応じて、ひとしく教育を受ける権利を有する。

学校図書館法は、この第二十六条に連なる「法律」の一つです。この学校図書館法は、学校図書館の目的を二点規定しています。「教育課程の展開への寄与」「児童生徒の健全な教養の育成」です（第二条）。ですから学校図書館は、これらの目的の実現を通して、子どもの「教育を受ける権利」

を担保する任務を担っています。いわば、この二つの目的が実践されることは、憲法第二十六条の法意を具体化することでもあるのです。

「教育を受ける権利」を規定したこの第二十六条は、日本国憲法のなかでは、教育と直接的接点をもつ唯一の条規で、学校教育（だけでなく教育全体）を考察する際の基本的座標軸であり、それは当然にも学校教育の一環である学校図書館を考察する際の座標軸でもあります。

この規定は、明治憲法下の教育に関する規定と大きく異なります。明治憲法下では、教育に関する事項は天皇大権の一つとされ、教育の目的・内容などに関する基本的事項は勅令によって定められていました。勅令とは、天皇がその大権に基づき、帝国議会の協賛を経ずに国務大臣の輔弼によって制定・施行することができた法形式の一つです。すなわち教育に関する事項は、権力の保持者（統治権の総攬者）であり、かつ道徳的・宗教的価値の体現者（万世一系、神聖不可侵）である天皇の「命令」（勅令）によって定められていました。その天皇について、明治憲法の注解書として代表的な『憲法義解』は、冒頭（第一条）で「皇統一系宝祚の隆は天地と與に窮なし」とうたい、さらに「我が日本帝国は一系の皇統と相依て終始し、古今永遠に亘り」と記し、そして国体は『古事記』『日本書紀』に由来することを記しています。[10] 国民には、そうした国体への恭順を求めたのです。

その国体への恭順を教育の面から具体化したのが「教育勅語」（一八九〇年）でした。教育の根本を皇祖皇宗の遺訓に求め、忠孝の精神を説き「天壌無窮ノ皇運ヲ扶翼」（教育勅語の一節）すべき国民を育成することを定めた教育勅語は、学校教育を通じて国民に教え込まれ、敗戦にいたるまでわが国の教育の基本に位置づけられました。そして教育を受けることは、兵役・納税とならぶ国民

（臣民）の三大義務でもありました。

そのため、こうした法体系、教育勅語体制のもとでは、教育が権利という光によって照射されるはずもなく、子どもが、人権の享有「主体」と位置づけられることは想像さえできませんでした。「天壌無窮ノ皇運ヲ扶翼」すべき日本臣民としての子どもは、勅語に記された徳目を身に付けることを求められた客体ではあっても、自らの意思で行動する主体としては位置づけられませんでした。こうした歴史を顧みると、教育を受けることを「権利」と規定したこの第二十六条は、日本国憲法のなかでも特色的な規定だといえます。

「学習権」について

そこで次に、「教育を受ける権利」（憲法第二十六条）規定は、学校図書館のありようとどのように関連するのか、を論じていきます。そのためには、「教育を受ける権利」とはどんな権利なのかを理解しなければなりません。

①「経済的条件整備」

「教育を受ける権利」は、長い間、経済的条件整備の点から意義づけられてきました。すべての国民が、貧富の別なく等しく教育を受けることができる、すなわち「教育の機会均等」のための経済的配慮を求める権利です。第二十六条二項の義務教育の無償制度は、こうした経済面からの条件整備を定めた具体的規定です。加えて、「国及び地方公共団体は、能力があるにもかかわらず、経済的理由によって修学が困難な者に対して、奨学の措置を講じなければならない」（教育基本法第四条三項)、「経済的理由によって、就学困難と認められる学齢児童又は学齢生徒の保護者に対しては、市町村は、必要な援助を与えなければならない」(学校教育法第十九条)という規定は、こうした権利規定に対応して条件整備を定めたものです。

「教育を受ける権利」を経済的条件整備の面から意義づけることは、今日なお重要です。子どもの貧困が政治的にも問題になり、大学生の奨学金制度のあり方も論議されていることを思うと、経済的視点から教育をめぐる問題を捉えることは、重要な視点だといえます。

②子どもの「成長・発達の権利」(学習権)

しかし一九六〇年代中葉から、「教育を受ける権利」は、特にその権利主体である「子ども」に視点を置いて、子どもの「成長・発達の権利」という側面から捉えるべきだという考え方が有力に展開されてきました。つまり、すべての人間、特に子どもは、学習によって人間らしく成長・発達していく権利を有している。そのため、「教育を受ける権利」は、すべての人がその学習権・人間的発達権を実現できるよう国家に積極的条件整備を要求する権利である、とする考え方です。[11]「学習権」説の登場です。この学習権を基底に据えた「教育を受ける権利」説は、従前の経済的条件整備に傾斜していた考えを、子どもの「成長・発達の権利」を軸に捉え直したものです。こうした考えは、その後、教育裁判での司法判断としても登場するようになりました。そこで、「学習権」説の意義をより理解するために、二つの判決を紹介します。

第一は、「教科書検定第二次訴訟」東京地裁判決(いわゆる杉本判決)です。教科書検定訴訟とは、高等学校教科書『新日本史』（三省堂）の執筆者である家永三郎（旧東京教育大学教授）が教科用図書検定（教科書検定）に関して国を相手に起こした一連の訴訟（一次から三次まで）のことで、原告の名をとって「家永訴訟」、あるいは「教科書裁判」と称されてきました。その「第二次訴訟」とは、検定不合格処分は教育基本法第十条に定める教育行政の裁量権を逸脱した不当行為であるとし、行政処分取り消しを請求した訴訟です。この訴訟の第一審判決が、一九七〇年に東京地裁で出されました。

同判決は、国民の教育の自由や子どもの学習権に関して本格的な憲法解釈を展開し、特に憲法が子どもに「教育を受ける権利」を保障するゆえんについて、次のように判示しました。

憲法がこのように国民ことに子どもに教育を受ける権利を保障するゆえんのものは、民主主義国家が一人一人の自覚的な国民の存在を前提とするものであり、また、教育が次代をになう新しい世代を育成するという国民全体の関心事であることにもよるが、同時に、教育が何よりも子ども自らの要求する権利であるからだと考えられる。すなわち、近代および現代においては、個人の尊厳が確立され、子どもにも当然その人格が尊重され、人格が保障されるべきであるが、子どもは未来における可能性を持つ存在であることを本質とするから、将来においてその人間性を十分に開花させるべく自ら学習し、事物を知り、これによって自らを成長させることが子どもの生来的権利であり、このような子どもの学習する権利を保障するために教育を授けることは国民的課題であるからにほかならないと考えられる。(12)

「自ら学習し、事物を知り、これによって自らを成長させることが子どもの生来的権利」であり、その権利を「子どもの学習する権利」と判示したこの判決は、「教育を受ける権利」の条理解釈のなかから登場した学習権を容認したものでした。

その学習権論を早い時期から提唱してきた堀尾輝久（教育学）は、教育を受ける権利は、大人とは区別される子どもの権利の主張を前提としているという認識のもとに、子どもの権利の中核について次のように述べています。

発達の可能態として、まさにその点で大人のそれから区別される子どもの権利とは、子どもが将来にわたって、その可能性を開花させ、人間的に成長する権利である。しかも、成長・発達の権利は、子どもが学習の権利を充足させるときはじめて現実的な意味をもつ。[13]

そしてさらに、こうした子どもの権利は、自己充足的権利ではなく「一定の条件とその内実の保障があってはじめて権利としての現実的意味をもつ。子どもの成長と学習の権利は、ふさわしい条件のもとでのふさわしい学習の指導＝教育の要請を内に含んだ権利だといえる[14]」と述べています。こうした学習権論を司法判断として最初に判示したのが先の杉本判決でした。

第二は、同判決から六年後の一九七六年に出された「旭川学力テスト事件」最高裁判決です。この事件は、文部省が企画した一九六一年の中学全国一斉学力テストに反対した北海道旭川市の労働組合員が、同テストを中止させようと同市立中学校に入った行動をめぐり、公務執行妨害罪などに問われたものです。一、二審は学力テストが「不当な支配」にあたり違法と判断しましたが、最高裁は適法として有罪を言い渡しました。

その最高裁判決では、教育法学でも論争的テーマである「教育権」の所在に関する二つの見解（国民の教育権、国家の教育権）については、「いずれも極端かつ一方的であり、そのいずれをも全面的に採用することはできない」と判示し、その後、憲法二十六条に関する見解を述べるなかで、次のような見解を示しました。

この規定〔憲法第二十六条：引用者注〕の背後には、国民各自が、一個の人間として、また、一市民として、成長、発達し、自己の人格を完成、実現するために必要な学習をする固有の権利を有すること、特に、みずから学習することのできない子どもは、その学習要求を充足するための教育を自己に施すことを大人一般に対して要求する権利を有するとの観念が存在していると考えられる。換言すれば、子どもの教育は、教育を施す者の支配的権能ではなく、何よりもまず、子どもの学習をする権利に対応し、その充足をはかりうる立場にある者の責務に属するものとしてとらえられているのである。[15]

「子どもの学習する権利」を容認した初の最高裁判決です。

学習権を容認したこの二つの判決からは、①人間は、自覚的に学習することによって成長・発達を遂げる存在であること、②そうした成長・発達を促すために学習することは「権利」であること、③そして、大人社会はそうした権利を充足する責務を有していること、という考え方をうかがうことができます。

3 学習権の保障装置としての学校図書館

学校図書館法と学習権

こうした学習権論は、学校図書館を考察する際にも重要な概念です。この概念には、人は自らの学習によって、人間らしさを獲得していく権利主体であるという認識が内在化されています。いわば、学ぶことによって人間が創られていく、人間が人間となるための絶対的要件としての学習の権利性という考えが中核に据えられています。この認識は、学びの場、育ちの場としての学校図書館、自主的・自発的な学びを担保する学校図書館を検討する際の重要な座標軸です。それだけに、学校図書館もまた、子どもの学習権を充足するための「積極的条件整備」の対象の一つとして位置づけることが重要になってくるのです。

その学校図書館は、どのような意味で子どもの学習権を充足するのかについて、次に検討していきます。そうした検討をするうえで示唆を与えてくれるのが学校図書館法ですが、その制定は一九五三年ですから、同法は学習権論を背景に制定されたわけではありません。しかし、学校図書館法が国会に提出されたときの提案理由（「補足説明」）に、次の一節があります。

学校教育におきましては、まず第一に、教育の指導理念が、児童生徒の個性を重んじ、その自発的学習の啓発育成にあることは申すまでもありません。この指導理念に従いますれば、又、指導方法におきましても、従来の画一的詰込式教授法によらずして、児童生徒の自発的学習形態が採られなければならぬことは、当然なことであります。(16)

こうした「補足説明」には、次のような教育観が内在化しています。

・子どもを個性を有した存在として捉える（「児童生徒の個性を重んじ」）……個性の尊厳、個性の尊重。

・その学びは、子どもの自発性を尊重する（「自発的学習の啓発育成」「自発的学習形態」）……子どもを学びの主体として捉える。

・子ども一人ひとりの成長・発達を支える（「画一的詰込式教授法によらず」）……画一的詰込教授法を排除する。

そして、この三点は相互に関連しています。敗戦翌年の一九四六年に、戦後教育の方向性を示した『新教育指針』という文書が出されました。そこには、戦争・敗戦という経験を振り返り、「どうしてこのような状態になったのか」として、日本の「欠点、弱点」が五点述べられていますが、その二点目に「日本国民は人間性・人格・個性を十分に尊重しない」と記されています。そのなかで、これまでの教育（戦前の教育）の特徴を次のように述べています。先の「補足説明」に影響を与えたかのような指摘です。

教師は自分の思うままに一定のかたにはめて生徒を教育しようとし、そこに生徒の人間性がゆがめられる。また（略）生徒の個性を無視して画一的な教育を行うので、生徒の一人々々の力が十分にのばされないのである。(17)

個性を尊重せず、むしろ無視することによって画一的教育を生み出し、子どもの成長・発達を阻害したという指摘です。そして個性の無視は、子どもの内発性や湧き上がる自発性を捨象するのです。ですから、「補足説明」で述べられた三点は相互に関連しています。「個性の尊重」は子どもの「自発性」の啓発育成につながり、それは「画一的詰込式教授法」の排除へと連動していきます。こうした連動の「要」として、学校図書館が位置づけられているのです。

教育基本法と学校図書館法

『新教育指針』のこうした指摘は、一九四七年に成立した教育基本法の精神に引き継がれました。同法は、教育の目的の一つとして「自主的精神に充ちた」国民の育成を（第一条）、そして教育の目的を達成するための方針として「自発的精神を養う」ことを掲げています（第二条）。自主性の育成、自発性の涵養です。そして、『新教育指針』が出された四六年に、個性尊重と自発性の原理に基づく教育思潮を提案した「米国教育使節団報告書」が出されました。そのなかで、画一的教育と民主主義の関係について、次のような指摘があります。

学校の仕事があらかじめ規定された教科課程や、各教科についてただ一つだけ認められた教科書に限定されていたのでは、遂げられることはできない。民主主義における教育の成功は、画一性や標準化によって測られることはできないのである。(18)

画一的教育が民主主義の成功を阻害するという指摘です。「補足説明」で指摘された「画一的詰込教授法」は、戦前のわが国における教授法の代表ですが、そうした教授法を担保したのが「各教科についてただ一つだけ認められた教科書」、すなわち国定教科書でした。その教科書と教授法とが一体となり、「皇国ノ道」(国民学校令第一条)に則る「皇民」を育成していったのです。

子どもの成長・発達には、子どもの個性の尊重を基本に、子どもの内に宿る自発性を涵養することが大切です。ですから、「補足説明」で述べられた「自発的学習形態」を大切にすることは、「成長、発達し、自己の人格を完成、実現するために必要な学習をする固有の権利」(最高裁判決)を担保することにつながります。そして、それは「画一的詰込教授法」の排除とセットなのです。

それだけに、個性的で自主的・批判的精神に満ちた子どもを育てるには、そうした教育環境が必要です。学校図書館法は、そうした教育観の転換、指導方法の転換と対をなすものとして制定されました。学校図書館法の意義をこうした経緯のなかで捉えると、学校図書館もまた「自ら学習し、事物を知り、これによって自らを成長させることが子どもの生来的権利」（東京地裁判決）の名宛人として、あるいは「みずから学習することのできない子どもは、その学習要求を充足するための教育を自己に施すことを大人一般に対して要求する権利」（最高裁判決）の名宛人としての責務を負う教育環境である、ということができます。その責務を、所蔵する資料と「人」のサービスによって担うのです。そのことが、子どもの「成長・発達の権利」（学習権）を充足することにつながるのです。

4　学習権と学校図書館——「教育課程の展開に寄与する」と関わり

「教育課程の展開に寄与する」——「寄与」することとは

学校図書館は子どもの学習権を充足するうえで重要な教育環境です。その点について、学校図書館法に規定された二つの目的規定——「教育課程の展開に寄与する」「児童生徒の健全な教養を育成する」——をもとに、さらに検討していきます。

最初に、「教育課程の展開に寄与する」こととの関連についてです。教育課程とは、教育の目標、内容構成、配当時間などを明らかにし、それに伴う教科、教材などを一定の範囲と順序で編成したものです。その意味で、教育課程は学校教育の中核をなしています。

しかし教育課程は、それ自体としてはプランです。そのため教育課程は、日々の教育のなかに取り込まれ、日常的な教育的営為として実践されなければ意味をもちません。つまり、それぞれの指導領域が教材、教授者、時間配当、教授空間（場所）を伴って具体的に実施されてこそ意味をもつのです。

教育課程の「展開」とは、こうした教育的営為の日常的な実践過程のことをいいます。国語の授業や音楽の授業が、学校祭や修学旅行の実施が、あるいは児童会（生徒会）活動の指導が、展開の具体的内実を形成しています。このような一人ひとりの教師の日常的な教授過程、あるいは学校総体としての教育過程のなかに「展開」があるのです。この意味で、教育課程の展開に「寄与」するとは、こうした教育的営為が効果的に実践されるためにおこなわれる学校図書館活動の総体のことを指しています。図書館資料の収集から始まり、保存・整理・提供にいたる具体的活動が、「寄与」の内実を形成しているのです。

そこで次に、その「寄与」を通じて、学校図書館はどのような意味で子どもの学習権と関わっているのかについて論じます。

「学習材」としての資料の収集、提供

その第一は、子どもの学びを支える「学習材」としての図書館資料の収集・提供と学習権との関連についてです。図書館（学校図書館）存立の前提は資料の存在ですから、「寄与」の具体的内容は収集・提供する資料のありようと深く関わっています。

学校教育は、人間を望ましい姿（人格の完成）に導くために、人類が生み出した知的文化財を選

択し、それらを子どもの発達段階に応じて（意図的・計画的に）伝達し、子どもの人間性を涵養する営みです。しかしその営みには、教授・学習のプロセスを媒介する素材が必要です。その代表的素材が教科書です。教科書は、知的文化財のなかから、子どもの発達段階に応じてそれぞれの学習に適した内容を選択し、一定の順序に配列したものです。しかも、子どもの発達段階を考慮して「学年」に区分けし、さらに内容に応じて「教科」ごとに区分けした素材です。

前述した「教育課程の展開」（特に教科教育）には、この文化財としての教科書が使用されます。しかし教科書は、学びのプロセスを担保する媒体としては「万能」ではありません。何よりも教科書は、①「基礎・基本」を伝達・教授する際の媒介としての特性を有していて、②教育課程の基準としての学習指導要領の性格、法的拘束性などと相まって、その内容の画一化は避けられません。学びを支える素材としては「限界」を有しているのです。

それだけに、豊かな学習を展開するには、①教科書の画一性を補うための学習材、②教科書では理解しえない事項を補足するための学習材、③教科書の内容をより発展させるための学習材、など多様で豊富な学習材が必要になってきます。しかも、子どもの発達段階に応じた学習材です。授業で学んだテーマをさらに知りたい、確かめたい、深めたい。そうした「学び」を支えるための資料（学習材）の収集・提供は、まさに「寄与」の具体的内容であり、子どもの学習権を担保する学校図書館の具体的かつ実践的な活動です。

教科学習をはじめとする教育課程の展開のなかでは、様々な「知りたい」「確かめたい」「深めたい」ことにぶつかります。これらの知的願望をさらに満たしてくれるような本を手にし、読んで、調べることによって、子どもは次の学びへと進んでいきます。その際の「学び」をより豊かにする資料が学習材です。それは、一斉画一化されがちな教室での「学び」を補い、子どもの成長・発達を支援する学びの資料です。子どもの「学び」は教室だけでは完結しません。教室外での様々な資料を利用することによって、「学び」は豊かになるのです。そうした教育観こそが、学校図書館を「欠くことのできない」（学校図書館法第一条）教育環境として位置づけることにつながるのです。

戦後初期の一九五〇年に出版された学校図書館に関する文献に『学校図書館概論』があります。そのなかに、新しい教育にあっては「児童生徒はもはや教師の限られた経験やただ一冊の教科書では満足しなくなる。教科書は必然に他の豊富な資料によって補足されなければならない[19]」という一節があります。この指摘は、学習材の必要性を指摘しています。

その点、戦前の教育では、学習材は必要とされませんでした。戦後出された『日本における教育改革の進展』（文部省）に、次のような記述があります。

> 戦前の小学校の教授法は一言で言えば、文部省著作の教師用書に忠実に従い、全国画一的な、もっぱら教師が教え授けることを中心にした、動きの少ない教授法であり、児童は、ただそれについて行き、うのみにする傾向が強かった。[20]

国定教科書に依拠した「全国画一的」な教授法がとられたという指摘です。「教師が教え授ける」ことを中心とした教授法では、子ども一人ひとりの求めに応じた「豊富な資料」（学習材）が必要だという考え方が生じる余地はありません。それは国家にとって、教室を通じて特定の価値観を教え込むには都合がいい仕組みでもありました。授業の展開に「寄与」するためには学習材が必要だという考えは、「学び」には様々な資料が必要だ、「あれこれ」見比べ読み比べることによって「学び」は深くなる、という教育観のなかで生まれたものです。様々な学習材や資料によって、子どもたちの「学び」は深くなる、その中核に、学校図書館があるのです。

「自ら学習し、事物を知り、これによって自らを成長させる」（杉本判決）ためには、必然に「他の豊富な資料によって補足」（『学校図書館概論』）されることが不可欠です。そして、こうした学習材を用意することは、子どもの学習権を保障する責務を担った学校に課せられた責務、学校図書館の責務でもあるのです。

「興味・関心」に応える資料の収集・提供

第二は、子ども一人ひとりがもつ興味・関心、疑問などと関わった図書館資料の収集・提供と学習権との関連についてです。

子どもの日々の学習を根底で支えているのは、子どものなかに湧き起こる興味・関心、疑問です。「なぜだろう」「これからどうなるの？」「その理由は何？」「わからない、教えて」。授業は、そうした興味・関心、疑問の一つひとつにはたらきかけ、それを大きくし、その解決、発展を図ることによって、より強い精彩を放つようになります。教科学習では、「児童の興味・関心を生かし、自主的、自発的な学習が促されるよう工夫する」（現行学習指導要領「総則」）ことが大切です。その興味・関心、疑問は、好奇心や探究心と一体になっています。それだけに、疑問や興味を契機として、その解決や再発見にいたる道程のなかにも、数多くの学習材が必要になります。その興味・関心と関わり、先の『学校図書館概論』に、次のような指摘があります。

学校は、児童生徒の興味や好奇心が刺激され拡大され、方向づけられるような事態をつくり、好奇心や探求心を満足させるのに必要なさまざまの資料を豊富に準備しなければならない。[21]

興味・関心、疑問が出発点となる「学び」には、広がりと深まりが生まれます。「なぜだろう」は新たな学びを生み、それがさらに次の学びを生み出します。その連続した営みのなかで、興味・関心は満たされ、疑問は解決し、そしてさらに新たな興味・関心、疑問が生まれていくのです。「なぜだろう」「どうなるの？」。こうした子どもの心に応えることは、子どもの「学び」をステップアップさせることにつながるのです。

しかし、その興味・関心、疑問は、時代によって大きな影響を受け、歴史によって規定されることがあります。先に紹介した『新教育指針』には、次のような指摘があります。

例えばこれまでの国史の教科書には、神が国土や山川草木を生んだとか、をろちの尾から剣が出たとか、神風が吹いて敵軍を滅ぼしたとかの神話や伝説が、あたかも歴史的事実であるかのように記されていたのに、生徒はそれを疑うことなく、その真相やその意味をきわめようともしなかった。[22]

疑問が、次の学びへと発展しなかったのです。「なぜだろう」は封印されたのです。「をろちの尾から剣が出た」とは、戦前の国定教科書『尋常小学国史』上巻の冒頭（天照大神）に出てくる話です[23]。天照大神の弟（素戔嗚尊）が、神々に追われて出雲に下った際に「八岐の大蛇」を退治し、「この時、大蛇の尾から一ふりの劍《つるぎ》を得」た話として国史の教科書に登場します。その天照大神は「天皇陛下の御先祖」で、この剣（天叢雲剣《あめのむらくものつるぎ》）は、「三種の神器」の一つです。そのため、こうした記述に疑問をもつことは許されず、学びはこれ以上進みません。学びはここで「完結」されてしまうのです。しかしこれは学びではなく、一つの考え方を一方的に注入する「教化」です。

興味・関心は「自然」に湧き上がるものではありません。それは、時代の影響を受けた時代の産物でもあります。そのことを示す一つの資料があります。太平洋戦争が始まる直前（一九三九―四〇年）に実施された「文部省推薦児童図書の読書状況調査」の概要報告です[24]。同報告によると、この時期に多く読まれていた図書の代表は「絵本」（「桃太郎」「金太郎」など）で、さらに「時局的なもの」（「西住戦車長」「愛馬いずこ」など）が読まれています。「西住戦車長」とは、日中戦争で徐州会戦にいたるまで戦車長として活躍し、戦死後に軍部から「軍神」として指定された軍人の話です。また男子の読者が多い作品には、「西住戦車長」「陸の若鷹」「国の護り」などがあります。そして、同調査報告では、教科外の児童の読書は、自学自習、知能の啓発、情操の涵養とならんで「皇民の錬成の上に極めて重大な意義を有する」ものとされ、したがって「児童の読書に最善の注意を払い、優良なる読物を与えることは、教育者のみならず、父兄母姉の主要なる任務の一つ」と解説しています。子どもの興味・関心を「時代」が国策に合うように、しかも、教育者の主要な任務として創り出していったのです。

それだけに、今日の学校図書館には、多様な観点から構築された学習材が必要です。子どもの「あれこれ」の疑問・興味に応えられる複眼的視点を有した学習材が必要です。学校図書館は、そうした学習材を収集・提供する大きな役割を有しています。その役割が「寄与」の具体化であり、その「寄与」を通して、子どもの「成長・発達する権利」(学習権)を担保しているのです。

「教材」としての資料の収集・提供

第三は、「教材」としての図書館資料の収集・提供と学習権との関連についてです。

学校図書館の利用者は、子どもだけではありません。学校図書館法は、「教員」も図書館の利用者と規定しています(第二条)。その教師に対してのサービスで最も重要なことは、「教材」として役立つ図書館資料を収集・提供することです。

学校教育での「主たる教材」は教科書で、教師はその教科書を使用して授業をおこないますが(学校教育法第三十四条一項)、すでに述べたように教科書にも「限界」があります。そのため、教科書という教材だけに依拠する授業では、子どもの理解を促すのに困難が生じることがあります。その限界を補う教材の一つが学校図書館資料です。

しかし学校図書館資料のすべてが、そのまま教材になるわけではありません。資料が教材になるには、その資料が教育の目標や内容に即して選択される、あるいは授業に利用しやすいように加工されることが必要です。いわば資料は、教授過程への「選択」「加工」というプロセスを経て教材へと転化するのです。

教材を授業の内容・進度に合わせて適宜に使用することは、豊かな授業を創り出す大きな要因になります。ですから学校教育法も、「教科用図書以外の図書その他の教材で、有益適切なものは、これを使用することができる」（同法第三十四条第二項）ことを規定しています。この規定は、教育課程の展開（授業）は、教科書だけでは完結しないことを想定しています。それは、国定教科書によって担保されていた戦前の教育からの決別をも意味しています。豊かな学びを生み出すには、教材が必要なのです。

今日、学校図書館資料を「教材」として捉え、それを積極的に教育課程の展開に生かすべきという考えは、学校図書館論の基本です。「これからの学校図書館の活用の在り方等について（報告）」は、そのなかで「教員サポート機能の発揮」として、次のような提起をしています。

とりわけ最近では、個々の教員の創意工夫による教育活動の充実がますます重要となる一方、それぞれの教員について見れば、その業務は一般に多忙となっており、子どもたちへの指導の準備に要する時間も含め、子どもと向き合う時間の確保に困難を抱えている実情がある。こうした中にあって、教員に最も身近な情報資料拠点である学校図書館を、教材研究や授業準備等の支援に有効に活用していけるようにすることは、もはや猶予を許されない課題であると考える。[25]

そして同報告は、こうした提言をするにいたった背景について、次のようにその要因をあげています。

＊〔学校図書館資料が、‥引用者注〕児童生徒用の読み物（とりわけ文学作品等）の購入が最優先され、教師用の指導資料や、授業研究のための文献資料等までは、整備が行き届かなかったこと。
＊学校図書館を活用した教科等の指導内容・方法等について、他の教師に指導・助言できるような人材を、校内に得られなかったこと。
＊教員の間で、子どもの自主性・主体性を尊重した指導の重要性に対する認識が十分に浸透せず、そのため、それぞれの教師自身も、学校図書館活用への意欲・動機付けに乏しいといった状況が、長くあったこと。

さらに次のように述べています。

教育指導の専門職たる教員にとって、もとより情報資料等のサポート環境は不可欠であり、学校図書館においても、学校図書館法の規定に基づき、そのための相応の役割を果たしていくことが、当然に求められる。

教材を必要とする教育観には、「一斉画一型」の教授・学習方法の転換、そして子どもの興味・関心を醸成しながら「学び」を豊かにするという考えが内包されています。そして、その観念（営み）を支えるのが学校図書館です。しかし両者（学校図書館、教師）の間に、教材を挟んで十分な「意思の共有」がなされてこなかったことも、わが国教育の現実です。「人」の配置の不備がいちばんの隘路でした。しかしこの「報告」は、「学校図書館を、教材研究や授業準備等の支援に有効に活用していけるようにすることは、もはや猶予を許されない」、あるいは学校図書館は、教師に対する「情報資料等のサポート」機能を果たす、と提言しています。教材提供機関としての学校図書館の重要性の指摘です。

教師がどのような授業を創り上げていくかは、基本的には教師一人ひとりの思いのなかにあります。しかし近年、社会的にも問題になっている教師の多忙化とも重なり、十分な授業が創り上げられないのであれば、そのマイナスの影響は子どもが被ることになります。それは、子どもの「成長・発達」にとって好ましいことではありません。ですから、学校図書館は教師の教材使用を「サポート」することによって、子どもの学びを支えることが大切なのです。

その学校図書館資料（教材）は、一冊の資料が他の学年の学習にも利用される、あるいは他の教科でも利用されるなど、学年や教科を横断して利用されるという特性があります。そして、学校図書館資料を教材として活用することは、子どもに対しては、一つの学びにも多様な資料が必要だということを実感させることになります。それは、子どもの学びを深化・発展させることにつながり、子どもの「成長・発達の権利」（学習権）を充足させることになるのです。

「学び方を学ぶ」場としての図書館利用に関する指導

第四は、「学び方を学ぶ」力を獲得することと学習権との関連について論じます。いわば、子どもが学校図書館（資料）を利用することを通じて「学び方を学ぶ」、そうした営みと学習権との関連についてです。

「自ら学び、自ら考える」力の育成は、二十世紀末の中央教育審議会答申（一九九六年）で提起されて以来、今日までのわが国教育の一貫した考え方です。同答申は、「これからの学校教育の目指す方向」の第一に、次のような視点を提起していました。

> 「生きる力」の育成を基本とし、知識を一方的に教え込むことになりがちであった教育から、子供たちが、自ら学び、自ら考える教育への転換を目指す。(26)

それから二十余年を経た今日、新しい学習指導要領を解説した文部科学省の説明には、その「生きる力」の要素の一つを、次のように説明しています。

> 基礎的な知識・技能を習得し、それらを活用して、自ら考え、判断し、表現することにより、さまざまな問題に積極的に対応し、解決する力(27)

「自ら学び、自ら考える」力は、「生きる力」の主要な要素です。その力は、知識基盤社会といわれる今日の社会では一層必要とされています。特に現在のこうした社会では、情報が価値をもち、情報が社会を左右するなど、情報への依存度が極めて高くなっています。それだけに、その情報入手に関わるある種の格差が、各人の社会生活に影響を与えかねない社会です。ですから、何が真実で、何が正しいのか、そして何が大事なのかを、学校図書館を利用することによって「自ら」判断できる力を育成することが重要になってくるのです。

情報の多くは「言葉」によって伝達されますが、「言葉」は生き物です。どの場面で、どのように使用されるかによってその意味合いを異にし、語りかけや脈絡によってもその内容を変化させます。いやさらに、「誰」が語る言葉なのかによってさえ、その意味合いを異にします。それだけに、求める情報を的確に入手し、それを分析・加工し、発表する力を身に付けることはとても大切なのです。

情報と結び付くこうした「力」の獲得は、学校図書館界では長い間「利用指導」と称され、近年では「情報・メディアを活用する学び方の指導」と称されている分野です。(28) 子どもが「生きる力」を体得するためにも、学校図書館にはこうした分野の指導を担うことが求められています。こういった「力」を育成することは、子どもを学習によって自らを成長させていく力をもつ存在、いわば子どもを自己変革、自己形成の主体として位置づけることにつながります。それは同時に、子どもを「成長・発達の権利」を有した学習の主体として捉えることでもあります。ですから、このような指導のあり方が、子どもの学習権を充足していくのです。

5　学習権と学校図書館――「児童生徒の健全な教養を育成する」と関わり

「児童生徒の健全な教養を育成する」――「教養」概念

次に、学校図書館の二つ目の目的、「児童生徒の健全な教養を育成する」と子どもの学習権との関連について検討していきます。

この規定には、読書を通じて子どもを個性的、かつ自立した人間に育てていくという意義が内包されています。この規定の核心である「教養」という概念は、「学問・芸術などにより人間性・知性を磨き高めること」（『広辞苑 第七版』[29]）、あるいは、「社会人として必要な広い文化的な知識。また、それによって養われた品位」「単なる知識ではなく、人間がその素質を精神的・全人的に開化・発展させるために、学び養われる学問や芸術など」（『大辞林 第三版』[30]）と意義づけられています。そして教養という言葉は、ラテン語の cultūra（「耕作」。『古典ラテン語辞典』[31]）に由来しています。そのことは、英語やフランス語で、教養を表す単語が「culture」であることからもわかります。このように、教養という言葉は畑を耕し作物を育てるという意味から転じて、「心を耕す」（「人間の精神を耕す」）ことに結び付けて理解されるようになりました。それだけに、教養という概念には、人間を「人格の完成」を目指した存在として位置づけ、そうした高みへと人間を導こうとする価値指向的意味が包含されています。ですから「児童生徒の健全な教養を育成する」という学校図書館の目的にも、その利用を通じて、子どもをこのような高みに導きたいという思いが込められているのです。

想像力を育てる

「児童生徒の健全な教養を育成する」というこの目的規定は、読書を通じて子どもを育てることと深く関わっています。その読書という営みは、子どもが一人の人間として自己の思想を形成し、自己を確立することと密接不可分の関連にあります。次に、その点を二点から説明していきます。

第一は、読書と想像力との関係性についてです。読書という営みは、「言葉」の世界を読み解きながら読み進めていく行為です。言葉には、それぞれ意味があり、人間は言葉を通じて、思想、意志、感情などを交換しています。すなわち、記号としての言葉を介して互いの心と行為のありようを交換しているのです。

その言葉の一つひとつの意味は限定的ですが、言葉を他の言葉と結合することによって文をつくり、文を連ねることによって文章を作ります。すなわち、言葉を結合することで、言葉はより大きな世界を構築するのです。個々バラバラな言葉が、まとまりのある全体像を形作り、その全体像が反射的に個々の言葉に大きな意味を与えるのです。読書とは、こうした結合された言葉を自己の裡に取り込む営みです。その営みのなかで、言葉に内包されているもろもろの世界を獲得していきます。本を読んでうれしくなる、悲しくなる、不安を感じる、感動する……。目の前にあるのは「文字（言葉）」なのに、その文字が心を揺さぶる。それは、文字（言葉）を通して描かれた世界を「想像」するからです。

人間は、様々な外部からの刺激、例えば自分を取り巻く人たち（家族・学校・職場・社会など）の言動、自然の移ろい、社会の変化、さらには様々なメディアから発信される情報などによっていろいろなことに思いをめぐらせます。「本」（読書）もまた、読み手に多くの思いをめぐらせる、多様な世界を想像させる媒体です。文字（言葉）を通じて、生きていることの喜びや悲しみも思い描き、想像することができるのです。

テレビや映画の世界には色があり、また形があり音がありますが、文字（言葉）に体現される読書には色も形も音もありません。しかし文字（言葉）を連ねることによって、その文字が読み手の心を揺さぶるのです。しかも読み手の心模様に合わせて様々な形で揺さぶり、心に色も形も思い浮かばせ、また音を届けてくれるのです。それこそが「想像力」です。読書は、その想像力を介して、作品の奥行きを読み取り、読者一人ひとりの解釈を引き出していく営みです。

人間は、自分で直接体験できることは限られています。時間と空間は、その瞬間に限定されています。しかし、想像力を駆使することによって、時間と空間を超えた世界を間接的に体験することができます。人の痛みもつらさも、この想像力を駆使することによって感じることができます。他者との「共生」的世界を自分のなかに取り込むこともできます。未来は不確実ですが、豊かな未来を想像できれば、その不確実な世界に真っすぐに立ち向かうこともできます。たくさんの不安を乗り越えていけるのも、何かが起こることを予測し、その世界を自ら判断し、行動の指針を自分のなかに打ち立てることができるからです。

その源となるのが「想像力」です。そして想像力は、自分の未来を「創造」する原動力でもあります。読書は、そうした想像力をかき立てる優れた精神活動です。想像力を育てることを通し、子どもの「教養」を高め、子どもの「成長・発達の権利」（学習権）を充足していくのです。

豊かな想像力を生むには、人間の心に「自由」の旗が打ち立てられなければなりません。自由な雰囲気、自由な社会、そうしたことなくして豊かな想像力は生まれません。先に紹介した『新教育指針』には、戦前のわが国を分析するなかで、「自分の国だけがりっぱな国であると思ひ、自分の国の思想や文化を最もすぐれたものとしてほこる(32)」傾向があったことを指摘しています。そうした時勢のなかで、「八紘為宇」（八紘一宇）が登場し、戦争を引き起こし、敗戦を招いた原因になったという指摘です。「八紘一宇」とは、「神武紀」の「八紘をおほひて宇《いえ》とせむ」からきた言葉で、全世界を一つの家にするという意味です。第二次世界大戦期に、日本の中国、東南アジアへの侵略を正当化するための標語として用いられました。「八紘一宇」が世の中に流布されるような思想統制的な社会では、豊かな想像力は生み出されません。想像力は自然に湧き上がるものではなく、「自由」な空気を母体として湧き上がるのです。想像力もまた、歴史に規定された「時代の産物」なのです。

ですから、特定の価値観を教室を通じて押し込むようなやり方では、想像力は育ちません。戦前は、国民を一定の思想に染まるように、国定教科書や教育勅語を介して教え込みました。それは、「教育」ではなく「教化」です。国民は「教え育てる」対象ではなく、国家の意図する方向に「教化」「思想善導」する対象だったのです。戦前の図書館史を見ると、「国民教化」のために図書館員自らが率先して「奮闘・努力」したことをうかがい知る資料を見ることができます。一九三三年、前年の五・一五事件、この年の国際連盟の脱退という社会状況のなかで、図書館界から次のような決議が出されました。

国家非常の時局に当面し国民を挙げて自力更生に邁進し協力一致益々国運の発展を図らんとするの秋吾人職に図書館に関係する者は国民教化の重責を痛感して其の使命の達成に努力せんことを期す(33)

「国家非常の時局」にあたって、図書館員は「国民教化の重責」を果たすべく奮闘・努力するというのです。こうした時代風潮のなかでは、豊かな想像力が育つはずはありません。国策の協力へ「一直線」、あれこれ「想像」することは許されず、精神はその時点で停止を余儀なくされたのです。時代のなかで、精神もからめ取られたのです。それは、情報入手の制限、言論・思想の抑圧政策と並行しておこなわれたのです。豊かな想像力は、どれだけ表現の自由が保障されるかと深く関わっています。自由をゆりかごとして、子どもの「成長・発達の権利」も充足されていくのです。

思想形成と人格形成を図る

第二は、読書はその想像力とも関連し、思想形成と人格形成に大きな役割を果たしている、ということです。「私は自分の人生を省みてそう思ったものだが、私という存在はよくも悪くもこれらの書物ぬきにはありえず、私の独創なぞといったものがあるとしたら、（略）私において血肉化したこれら多くの書物（略）によって形成された一つの文化的結節点にすぎぬ、という気がするほどである」[34]という言は、読書が人間を創っていくうえで果たすべき役割の重要性を端的に示しています。

読書が、思想形成と人格形成にどのような影響を与えているのか、そのことを垣間見ることができる調査結果があります。「子どもの読書活動の実態とその影響・効果に関する調査研究」（二〇一三年発表）です。この調査によると、次のような結果が出ています。

就学前から中学時代までに読書活動が多い高校生・中学生ほど、「未来志向」、「社会性」、「自己肯定」、「意欲・関心」、「文化的作法・教養」、「市民性」、「論理的思考」のすべてにおいて、現在の意識・能力が高い[35]。

読書と子どもの生き方や考え方との間に、強い相関関係があることがわかります。また、次のような結果もあります。

・「友だちがとても幸せな体験をしたことを知ったら、私までうれしくなる」という思いを持つ中学生の比率は、小学校低学年期に「家族から昔話を聞いたこと」が多い子どもほど高くなっている。

・「電車やバスに乗ったとき、お年寄りや身体の不自由な人に席を譲ろうと思った」という思いを持つ高校生の比率は、小学校に入学する前に「絵本を読んだこと」が多い子ほど高くなっている。このように、本を読むことは、子どもの思想形成と人格形成に大きな影響を与えていることがわかります。本は人の心を動かし、人間を創り上げてきたのです。本を読むことによって、思想が築かれ、人格が形成されてきたのです。

その読書という営みは、他のメディアによる情報入手とは性格を異にしています。読書は、何よりも自分の問題意識のなかで立ち止まり、思考し、批判しながら情報（思想）を内在化していく営みです。こうした特性に裏づけられた読書は、自分の生き方をきちんと見据え、自分で考え、自分で判断できる子どもを育てることにつながるのです。こうした過程が、自己の思想を形成し、自己形成を図る過程そのものなのです。その過程が学びと育ちの過程であり、「成長・発達」の過程なのです。すなわち、学習権が充足される過程なのです。

それだけに、学校で読書と深く関わる学校図書館は、質的に多様な読書材（メディア）を豊富に備え、それらを日常的に子どもに提供することによって、成長・発達の可能態としての子どもの思想形成や自己確立を支援する必要があります。

学習権の「自由権」的性格

学習権は、子どもが「学習要求を充足するための教育を自己に施すこと」（最高裁判決）を大人一般に要求する権利です。そのためには、学校図書館には、こうした「要求」に応えられる条件が備わっていなければなりません。その条件の要は「資料」と「人」です。資料がそろっていれば、子どもの学びに応えることができ、「人」が配置されていれば、きめ細かなサービスをおこなうことができます。

しかし同時に、学習権は「自己の人格を完成、実現するために必要な学習をする固有の権利」(最高裁判決)です。この権利には、子どもが自覚的に自己実現を図ること、つまり自ら考え、自ら選び、自ら判断するという、子どもの自主的・自立的な行動規範が内包されています。このように学習権の背後には、子どもの人間的な成長・発達の実現、人間の精神活動と不可分的関係に立つ文化的価値の獲得・創造という側面が横たわっています。そしてこうした権利の実現には、自立的・自覚的な人間形成を図るためのもろもろの自由が不可欠です。すなわち、学習権それ自体のなかに、学習者の思想・良心の自由、表現の自由(知る権利)、学問の自由などの人間的諸自由の保障をその要件として組み込んでいるのです。学習権のなかに包含された「自由権」的要素です。[36]

ですから、学習材を選択するにも、読書材を選択するにも、こうした「自由権」的要素は尊重されなければなりません。大田堯(教育学者)は、学習権は「人が自ら人をつくるのだということ、自らの内面に原因をもって探求し、選びながら発達する人間の発達過程の特質」[37]の保障なしには成り立ちえないと言います。「自ら考え自ら判断する」、そのなかには、こうした学校図書館資料を自分で選び抜き、自分で自分を育てていく、そうした学びと育ちの過程での「自由性」が内包されているのです。学習権の「自由権」的性格です。

そして、こうしたことが担保されるには、「学校図書館の専門的職務を掌る」司書教諭(学校図書館法第五条)、「職務の内容が専門的知識及び技能を必要とする」学校司書(同法附則)の自立的な図書館運営が保障されなければなりません。

6　十八歳選挙権と学校図書館

「政治的教養」について（教育基本法第十四条）

二〇一六年に「十八歳」選挙権が実現しました。十八歳は主権者として、この国のありように「選挙」（投票）という行為を通じて直接関わることになりました。このことは、学校教育にも、また学校図書館にも新たな考えを迫っています。そして「十八歳」選挙権は、子どもの学習権とも深く関わっています。次に、その点について論じます。

その選挙権は、参政権の重要な要件として、憲法第十五条に規定されています。「公務員を選定し、及びこれを罷免することは、国民固有の権利である」という規定です。選挙を通じて「公務員」（国会議員などの公務を担当する者）を選定することは、この国のあり方、この国の未来に自分の「一票」を投じることで意思表明をすることです。そのためには、この国の過去と現在を正しく認識することが重要です。そのことを、教育基本法の二つの条文をもとに考えてみます。

第一条（教育の目的）

教育は、人格の完成を目指し、平和で民主的な国家及び社会の形成者として必要な資質を備えた心身ともに健康な国民の育成を期して行われなければならない。
第十四条（政治教育）
①良識ある公民として必要な政治的教養は、教育上尊重されなければならない。
②法律に定める学校は、特定の政党を支持し、又はこれに反対するための政治教育その他政治的活動をしてはならない。

第一条は、教育の目的を「人格の完成」とし、その実現のためには「平和で民主的な国家及び社会の形成者として」の「資質」（以下、「資質」と略記）が必要だという規定です。こうした規定の背後には「人格の完成」は平和でなければなしえないという意味が含まれているように思います。「戦時」にあっては、その体制に向けて人間を一定の「型」にはめようとする政策が闊歩するからです。それは「人格の完成」とは真逆の政策です。ですから、「人格の完成」は「平和・民主主義」と一体なのです。

そして、こうした「資質」の育成は、学校教育の総体が担っている大きな課題です。個々の教科学習や日々の学校生活を通じて、「平和で民主的な国家及び社会の形成者」を育成していくことが求められるのです。教育基本法第十四条は、そうした「資質」を育成する手立ての一つとして、「良識ある公民として必要な政治的教養は、教育上尊重されなければならない」と規定しているのです。

教育基本法が規定している「平和で民主的な国家及び社会」（旧教育基本法は「平和的な国家及び

社会」）を構築するためには、過ぎ去りし時代がどんな時代なのかについて正しく認識することが必要です。現在は、過去からの連綿としたつながりのなかにあります。それだけに、戦後すぐに制定された教育基本法（一九四七年）に「平和的な国家及び社会」（旧教育基本法）という一文が加えられたことには、過去のわが国を顧みるべきという意味が含意されているといえます。

すべての法規には、その成立を促す社会的・時代的背景がありますが、教育基本法は、あの「戦争の惨禍」（日本国憲法前文）の反省をもとに生まれた憲法と一体の法規ですからなおさらです。その（旧）教育基本法前文は、日本国憲法の「理想の実現」は「根本において教育の力にまつ」と規定していました。ですから、「政治的教養」を規定した第十四条を理解する際も、満州事変から始まった戦争とその戦争を担保した「皇国民」教育の反省に立脚することが必要です。学校教育で歴史を学ぶことは、そうした過去を現在に生かすためにあります。現行の小学校学習指導要領の社会科篇では、社会科の目標に「国際社会を生きる平和で民主的な国家・社会の形成者として必要な公民的資質の基礎を養う」と記しています。「良識ある公民」（第十四条）は、そうした「学び」をも経ながら学校教育全体を通じて育成されるのです。

そして、その「学び」では、学校は「特定の政党を支持し、又はこれに反対するための政治教育その他政治的活動」をおこなってはなりません。それは、子どもの自主的な「政治的教養」の育成を妨げることになるからです。

「事実を基に多面的・多角的に」

二〇一六年に出された中央教育審議会答申(38)は、特に十八歳への選挙権年齢の引き下げによって、「小・中学校からの体系的な主権者教育の充実を図ることが求められている」と述べ、その主権者教育について「政治に関わる主体として適切な判断を行うことができるようになることが求められている」と解説しています。そして「主権者として必要な資質・能力の具体的内容」として、次のようなことを例示しています。

事実を基に多面的・多角的に考察し、公正に判断する力や、課題の解決に向けて、協働的に追究し根拠をもって主張するなどして合意を形成する力、よりよい社会の実現を視野に国家・社会の形成に主体的に参画しようとする力である。

何よりも「事実を基に多面的・多角的に考察し、公正に判断する」ことが重要です。そのために、まずは「事実」そのものを知るための情報が不可欠になってきます。

しかし事実そのものが本当のことなのかどうかを知ることは、そう容易なことではありません。「フェイクニュース」（虚偽の情報でつくられたニュース）が飛び交い、報道の自主規制、独立性も現在では問題になっています。ですから、事実は「事の背後」に隠されていることもありうるのです。昨今わが国で大きな政治的問題となった公文書の改竄・隠蔽は、いずれも事実は「事の背後」に隠されていたことの証左です。「公文書等が、健全な民主主義の根幹を支える国民共有の知的資源」（公文書管理法第一条）であるにもかかわらず、このようなことが起きているのです。

イギリスの作家ジョージ・オーウェルが描いた『一九八四年』は架空の超大国で、監視によって国民を支配する全体主義国家によって統治された近未来世界を描いた小説ですが、歴史の改竄によって国民をコントロールする状況も描かれています。例えば次の一節です。

過去は現在の状況に合致するように変えられる。（略）どんな報道記事も論説も、現下の必要と矛盾《むじゅん》する場合には、記録に残されることは決して許されない。歴史は、書かれた文字を消してその上に別の文を書ける羊皮紙《ようひし》さながら、最初の文をきれいにこそぎ落として重ね書きするという作業が必要なだけ何度でもできるのだった。(39)

事実が「事の背後」に隠され、消されていくこともある、そうした社会を描いています。しかしここで描かれる社会は、「近未来」の出来事とは思えません。「事実」を知ることは、それを隠す者がいることとの相克、緊張関係のなかにあります。「いつの時代」「どこの国」でも起こりうることなのです。ですから、注意深く情報の流れを見極めることが大切になってくるのです。

英語辞典などを発行するイギリス・オックスフォード大学出版局の辞典部門「オックスフォード・ディクショナリーズ」は二〇一七年、「post―truth（ポスト真実）」を一六年を象徴する言葉として選んだと発表しました。欧州連合離脱やアメリカ大統領ドナルド・トランプの台頭でこの言葉の使用頻度が急増したことが理由にあげられています。そして「post—truth」を「世論の形成において、客観的事実が感情や個人的な信念への訴えかけよりも影響力に欠けている状況、またはそれに関連した状況を表す言葉[40]」と定義しています。わが国を含め、昨今の状況を見ると「なるほど」と納得せざるをえません。しかし、「感情や個人的な信念」への訴えかけが大きな影響力を有している社会にあっては、何が「事実」かを「客観的」に知ることは容易なことではありません。「感情や個人的な信念への訴え」が、「事実」を背後に隠す一要因にもなっているからです。「閉ざされた」情報空間にあっては、「事実」を知ることはできません。それだけに、「体系的な主権者教育の充実を図る」（答申）には、物事を「多面的・多角的」に考察できる社会が前提です。つまり、様々な情報やメディアの流通が確保されている社会が担保されていなくてはなりません。情報統制、メディア統制はその対極にあるのです。

十八歳選挙権の実現は、学校教育でも、情報やメディアの多様性、自由な情報の流れが重要であるという再認識を新たに迫ることになりました。学校図書館の多様な資料を利用しながら、「あれこれ」と見比べ、読み比べながら、事実にたどり着くことが大切なのであり、そのために学校図書館が必要になってくるのです。その意味で、子どもにとって学校図書館は「良識ある公民として必要な政治的教養」を身に付ける有力な教育環境なのです。

図書館と民主主義——「表現の自由」と関わって

そもそも、図書館と民主主義とは深く関わっていて、それは、表現の自由と結び付いています。

表現の自由によって得られる価値は多様ですが、その一つに、表現の自由は、民主主義社会の基礎をなすという考え方があります。表現の自由の意義を「言論活動によって国民が政治的意思決定に関与するという、民主政に資する社会的な価値（自己統治の価値）」[41]、あるいは「国民主権原理に立つ政治的民主主義にとって、主権者である国民が自由に意見を表明し討論することによって政策決定を行っていく（略）、この民主政治にとって不可欠な、自由な意見発表と討論を保障する」[42]とする考えは、表現の自由の意義に関する代表的な考え方です。

「言論活動によって国民が政治的意思決定に関与する」「自由に意見を表明し討論する」ことは、自己の考えを外部に発表することです。そして、その言説を受領する権利が「知る権利」です。この点に鑑みても、表現の自由には、知る権利が内包されています。そして両者は「環状」の関係を形成しています。アメリカの「図書館の権利宣言」を解説した『図書館の原則』は、その冒頭で、次のように述べています。

知的自由は二つの基本的条件が揃う場合にのみ存在できる。まず、各人がどのような主題についても自由な信条を持つ権利、および各人が適切と考える方法で思想を伝える権利である。次に、情報や思想への自由なアクセスという権利について、社会が一様に献身していなくてはならない。（略）知的自由は環状になっている。表現の自由か思想へのアクセスかのどちらかが抑えられると、この環は崩壊する。[43]

表現の自由が保障されることによって、書物は世の中に自由に登場し、各人がそれを読むことによって、民主政治に必要な様々な情報を入手できるようになるのです。そして、その書物の入手を社会的に保障しているのが図書館なのです。わが国の「図書館の自由に関する宣言」（一九七九年改訂）[44]は、「図書館は、基本的人権のひとつとして知る自由をもつ国民に、資料と施設を提供することをもっとも重要な任務とする」という基本的任務を規定した後、次のように宣言しています。

　すべての国民は、いつでもその必要とする資料を入手する権利を有する。この権利を社会的に保障することは、すなわち知る権利を保障することである。図書館は、まさにこのことに責任を負う機関である。

言論・出版の自由が保障され、その結果として各人が自由に情報にアクセスできることは、民主政治にとって不可欠な要件です。それは、十八歳選挙権を実質化するために欠かすことができない要件でもあります。「平和で民主的な国家及び社会」（教育基本法第一条）を担う資質は、こうした情報の自由な流れのなかで培われるのです。そうした自由な流れは、学校教育にも自由な情報をもたらすとても大きな要因でもあるのです。

「思慮深く、英知ある」――民主主義の前提

十八歳選挙権に限らず、選挙権は参政権の重要な要素ですが、参政権は、選挙する（あるいは選

挙される＝被選挙権）という一点に特化された権利ではありません。文字どおり、主権者として政治に参加し、この国のありようを各人が決めていく権利です。そのためには、様々な情報が必要になってきます。事実を知ることなしに、真に「参政」することはできません。事実を覆い隠して「参政」の形をとり、挙国一致で「賛成」せざるをえなかったこの国の歴史を顧みると、主権者であるためには、その前提として情報の自由な流れとそれへの自由なアクセスが不可欠です。情報を自由に享受できることは、参政権を実質化させるための重要な条件です。「由《よ》らしむべし、知らしむべからず」は、国民を「事実から隔離」することによって、国民の実質的な政治参加を失わせることです。そして、しばしば為政者は国民が「事実」に近づくことを警戒していました。

『アウシュヴィッツの図書係』という翻訳書があります。一九四四年、アウシュヴィッツの強制収容所に作られた秘密の図書館で本の所持が禁じられているなか、八冊だけの本の図書係を務める十四歳のユダヤ人少女が、命がけで本を守ったという話です。この話のなかで、独裁者、暴君、抑圧者たちの共通点として「誰もが本を徹底して迫害する」ことをあげ、次のように記しています。

本はとても危険だ。ものを考えることを促すからだ。(45)

あるいは、アメリカの作家レイ・ブラッドベリのSF小説『華氏四五一度』は、本の所持や読書が禁じられた社会を描いています。これはそのなかの一節です。

書物などというしろものがあると、となりの家に、装弾された銃があるみたいな気持にさせられる。そこで、焼き捨てることになるのだ。銃から弾をぬきとるんだ。考える人間なんか存在させてはならん。本を読む人間は、いつ、どのようなことを考え出すかわからんからだ。そんなやつを、一分間も野放しにおくのは、危険きわまりないことじゃないか。(46)

こうした「物語」は架空の社会を描いていますが、類似した現実はわが国の歴史にも多々見ることができます。為政者は国民を「事実から隔離」するために、ときとして「本」に介入し、言論弾圧をしてきました。それは、メディア統制をはじめとした情報統制を通じて、人の「心」を統制しようとするものでした。こうした情報の抑圧を通じて、国民から「政治的教養」を失わせようとしていったのです。

十八歳選挙権と自己肯定感、社会参画

「事実からの隔離」は、選挙権の行使を空洞化させかねません。そして「事実からの隔離」は、社会参画の意識を停滞させることにつながる恐れがあります。

「十八歳選挙権」と関わった若者の「社会参画」について、文部科学大臣が新学習指導要領の改訂に際して出した「諮問」(「初等中等教育における教育課程の基準等の在り方について」二〇一四年十一月二十日)で、次のように指摘しています。

我が国の子供たちについては、（略）自己肯定感や学習意欲、社会参画の意識等が国際的に見て低いことなど、子供の自信を育み能力を引き出すことは必ずしも十分にできていない。(47)

「自己肯定感や学習意欲、社会参画の意識等が国際的に見て低い」というのです。二〇一四年六月三日に閣議決定した「子ども・若者白書」(48)には、「我が国と諸外国の若者の意識に関する調査」（二〇一三年度）の結果が載っています。調査対象国は七カ国で、調査対象は満十三歳から二十九歳までの男女です。その調査によると、日本の子ども・若者の意識は、次のようになっています。

・「自己肯定感」（「自分自身に満足している」）の割合は四五・八％

・「社会形成・社会参加」（「社会現象が変えられるかもしれない」）の割合は三〇・二％

この割合は、対象七ヵ国中で最低です。こうした若者の意識は、選挙権が十八歳に引き下げられ、十八歳にも「主権者」としての社会参画を期待していることを考えると不安を覚えます。こうした意識の背景にあるのは、社会状況や経済状況も絡んで課題は輻輳していると思われます。

このような状況をどのように打開したらいいのか、その一つの「回答」を、先の「子どもの読書活動の実態とその影響・効果に関する調査研究」の結果が指し示しています。その調査結果では、「就学前から中学時代までに読書活動が多い高校生・中学生ほど、未来志向、社会性、自己肯定、市民性などにおいて、現在の意識・能力が高い」とされています。読書活動が多い子どもほど、「私には将来の目標がある」（未来志向性）、「自分のことが好きである」「自分の好きなことがやれていると思える」（自己肯定性）、「政治・社会的論争に関して自分の意見を持ち論議する」（市民性）割合が高いというのです。特に「市民性」が高いということは、「社会現象を変えられるかもしれない」という前向きの意識と関わってくると思います。

「読書」を媒介とした子ども・若者づくり。それは迂遠のようで、また成果はすぐには表れにくいものですが、確実に子どもの「心」に変化をもたらし、意識を変え、行動様式を変えることにつながります。それは、ひいては、この社会を自分の力で変えていこうとする主権者を育てることにもつながるのです。その意味からも、学校図書館の出番です。学校図書館を通して、子どもに確実に「本」を届ける、そのことが子どもの意識を前向きに変え、子どもを主権者として育てていくのです。こうした学校図書館の役割が、教育基本法第十四条に規定された「政治的教養」を育成していくことにつながるのです。

それだけに、今日の学校図書館は「主権者教育」の要であり、参政権保障の橋頭堡でもあるのです。そうした教育を学校図書館が「図書（資料）」を媒介として支えるのです。それは、子どもの「成長・発達の権利」（「学習権」）を充足することでもあるのです。

おわりに

本章の冒頭で、「本の中の言葉にすぎなかった」憲法が、「ぼくの味方」になったという一節を紹介しました。「本の中の言葉」、すなわちそこでいわれた憲法の規定が「ぼくの味方」になったわけですが、それは、「本の中の言葉」を行使することによって、権利は「ぼく」のものになったのです。学習権という「言葉」(権利)も、学習権に込められた一つひとつの意義を具体的に実践することによって「ぼく」のもの＝「味方」になるのです。ですから、学習権の実質化の一端を担っている学校図書館は、その目的を日々実践することによって、子どもの学習権を充足していくという役割を担っています。「言葉」を「ぼくの味方」にするための支えとして機能することが重要です。「言葉」は、具体的行為によって「味方」になっていく、そのことはまた、わが国の憲法が教えてくれることでもあります。第十二条は、次のように規定しています。

この憲法が国民に保障する自由及び権利は、国民の不断の努力によつて、これを保持しなければならない。

注

(1) ナット・ヘントフ『誰だ ハックにいちゃもんつけるのは』坂崎麻子訳(集英社文庫コバルトシリーズ)、集英社、一九八六年、一五七ページ。なお著者のナット・ヘントフの著書には、『ジャズカントリー』(原著:一九六六年)、『ペシャンコにされてもへこたれないぞ!』(原著:一九七一年)、『ぼくらの国なんだぜ』(原著:一九七六年)などがある(これらは邦訳され晶文社から出版されている)。二〇〇一年(邦訳は二〇〇三年)には、「自由」をテーマにした評論集『アメリカ、自由の名のもとに』（藤永康政訳、岩波書店）が刊行されている。

（２）『ハックルベリー・フィンの冒険』は、一八八四年にイギリスで、翌八五年にアメリカで出版。アメリカ南西部の閉鎖的な田舎町を飛び出した少年ハックは、逃亡中の黒人奴隷ジムとミシシッピ川を筏で下りながら数々の冒険を重ね、文明と自然の根源的な対立や奴隷制度、人種差別といった深刻な社会問題などに直面しながら、少年が人間的成長を遂げていく物語になっている。しかし『ハック』は、アメリカでは頻繁に検閲の対象になってきた。その理由は「差別語の使用、人種差別」などである（ヘンリー・ライヒマン『学校図書館の検閲と選択――アメリカにおける事例と解決方法』川崎良孝訳、青木書店、一九九三年、一八七ページ）。

（３）高木八尺／末延三次／宮沢俊義編『人権宣言集』（岩波文庫）、岩波書店、一九五七年、一二〇―一二一ページ

（４）法学協会編『註解日本国憲法』上、有斐閣、一九四八年、四二一ページ

（５）前掲『誰だ ハックにいちゃもんつけるのは』五六ページ

（６）前掲『人権宣言集』一一一ページ

（７）法学協会編『註解日本国憲法』下、有斐閣、一九五四年、一四六三ページ

（８）S・R・ランガナタン『図書館学の五法則』森耕一監訳、渡辺信一／深井耀子／渋田義行訳、日本図書館協会、一九八一年、八〇ページ

（９）前掲『註解日本国憲法』上、三三一ページ

（10）伊藤博文、宮沢俊義校註『憲法義解』（岩波文庫）、岩波書店、一九四〇年、二二―二三ページ

（11）兼子仁『教育法 新版』（法律学全集）、有斐閣、一九七八年、二三二ページ

（12）東京地裁判決（一九七〇年七月十七日）、判例時報社編「判例時報」第六百四号、判例時報社、一

九七〇年、二九ページ
(13) 堀尾輝久「現代における教育と法」、加藤一郎編『現代法と市民』(「岩波講座現代法」第八巻) 所収、岩波書店、一九六六年、一七〇ページ
(14) 同書二〇二ページ
(15) 最高裁判決 (一九七六年五月二十一日)、判例時報社編「判例時報」第八百十四号、判例時報社、一九七六年、三三ページ
(16) 第十六国会参議院「文部委員会会議録第十二号」(一九五三年七月二十四日) (補足説明者は衆議院議員・大西正道)「国会会議録検索システム」(http://kokkai.ndl.go.jp/SENTAKU/sangiin/016/0804/01607240804012.pdf) [二〇一八年三月三日アクセス]
(17) 文部省編『新教育指針』文部省、一九四六年 (寺崎昌男責任編集、小川利夫/平原春好企画・編集『戦後教育改革構想1期』第二巻〔日本現代教育基本文献叢書〕所収、日本図書センター、二〇〇〇年) 六ページ
(18) 訪日アメリカ教育使節団『アメリカ教育使節団報告書』村井実全訳解説 (講談社学術文庫)、講談社、一九七九年、三〇—三一ページ
(19) 図書館教育研究会編『学校図書館概論』(「学校図書館学叢書」第一集)、学芸図書、一九五〇年、二二ページ
(20) 文部省「日本における教育改革の進展」、文部省編「文部時報」第八百八十号、帝国地方教育行政学会、一九五〇年、八ページ
(21) 前掲『学校図書館概論』一八ページ
(22) 前掲『新教育指針』七ページ

（23）文部省『尋常小学国史』上、日本書籍、一九三五年、一―六ページ
（24）平澤薫「文部省推薦児童図書の読書状況調査について」、日本図書館協会編「図書館雑誌」第三十五巻第一号、日本図書館協会、一九四一年、三〇―三二ページ。なお、同調査で紹介された「西住戦車長――昭和の軍神」（http://dl.ndl.go.jp/info:ndljp/pid/1718962）、「愛馬いずこ」（http://dl.ndl.go.jp/info:ndljp/pid/1717164）は、国立国会図書館のデジタルコレクションで閲覧できる［二〇一八年三月三日アクセス］。
（25）子どもの読書サポーターズ会議「これからの学校図書館の活用の在り方等について（報告）」二〇〇九年（http://www.mext.go.jp/a_menu/shotou/dokusho/meeting/__icsFiles/afieldfile/2009/05/08/1236373_1.pdf）［二〇一八年三月十日アクセス］
（26）中央教育審議会「21世紀を展望した我が国の教育の在り方について（第一次答申）」一九九六年七月十九日（http://www.mext.go.jp/b_menu/shingi/chuuou/toushin/960701.htm）［二〇一八年三月三日アクセス］
（27）文部科学省「学校・家庭・地域が力をあわせ、社会全体で、子どもたちの「生きる力」をはぐくむために」（http://www.mext.go.jp/a_menu/shotou/new-cs/pamphlet/__icsFiles/afieldfile/2011/07/26/1234786_1.pdf）［二〇一八年三月三日アクセス］
（28）「情報・メディアを活用する学び方の指導体系表」は、全国学校図書館協議会のウェブサイトに掲載されている（［http://www.j-sla.or.jp/pdfs/material/taikeihyou.pdf］［二〇一八年三月三日アクセス］）。
（29）新村出編『広辞苑 第七版』岩波書店、二〇一八年、七七三ページ
（30）松村明／三省堂編修所編『大辞林 第三版』三省堂、二〇〇六年、六六一ページ

(31)國原吉之助『古典ラテン語辞典』大学書林、二〇〇五年、一七一ページ
(32)前掲『新教育指針』一四ページ
(33)日本図書館協会編「図書館雑誌」一九三三年七月号、日本図書館協会、二〇七ページ
(34)中野孝次「生きる支えになった本」、現代新書編集部編『読むことからの出発』(講談社現代新書)所収、講談社、一九八四年、一四一ページ
(35)国立青少年教育振興機構「子どもの読書活動の実態とその影響・効果に関する調査研究報告書」(http://www.niye.go.jp/kenkyu_houkoku/contents/detail/i/72/)[二〇一八年三月三日アクセス]。この調査の実施日は二〇一二年三月、対象は高等学校二年生二百七十八校一万二百二十七人、中学校二年生三百三十八校一万九百四十一人、合計二万千百六十八人。
(36)こうした学習権の複合的性格は、学説でも展開されている。例えば「現在では、発達可能態としての子どもの学習する権利を基底に、教育を受ける権利が社会権的側面と自由権的側面を併せ持つ複合的性格の人権であることが認められる」(大島佳代子「教育を受ける権利」、大石眞/石川健治編『憲法の争点』[「ジュリスト増刊 新・法律学の争点シリーズ」第三巻]所収、有斐閣、二〇〇八年、一七六ページ)。あるいは、学習権は「自由権的学習権としての「学習の自由」」「生存権的学習権としての教育を受ける権利」の二つの面から捉えることができるという見解(前掲『教育法 新版』二〇二、二二八ページ)は、学習権(教育を受ける権利)の複合的性格を説明している。
(37)大田堯「教育評価と子どもの学習権」、エイデル研究所編「季刊教育法」第十二号、エイデル研究所、一九七四年、一二ページ
(38)中央教育審議会「幼稚園、小学校、中学校、高等学校及び特別支援学校の学習指導要領等の改善及び必要な方策等について(答申)」(二〇一六年十二月二十一日)(http://www.mext.go.jp/b_menu/

shingi/chukyo/chukyo0/toushin/__icsFiles/afieldfile/2017/01/10/1380902_0.pdf)［二〇一八年三月三日アクセス］

(39) ジョージ・オーウェル『一九八四年 新訳版』高橋和久訳（ハヤカワ epi 文庫）、早川書房、二〇〇九年、六四―六五ページ

(40)「オックスフォード辞典が選ぶ今年の言葉は「ポスト真実」」(http://www.afpbb.com/articles/-/3108212)［二〇一八年三月三日アクセス］

(41) 芦部信喜『憲法 第六版』岩波書店、二〇一五年、一七五ページ

(42) 浦部法穂『憲法学教室 第三版』日本評論社、二〇一六年、一五八ページ

(43) アメリカ図書館協会知的自由部編纂『図書館の原則――図書館における知的自由マニュアル（第8版）改訂3版』川崎良孝／川崎佳代子／久野和子訳、日本図書館協会、二〇一〇年、序文

(44)「図書館の自由に関する宣言」（一九七九年改訂）の全文は、日本図書館協会のウェブサイト（〔http://www.jla.or.jp/Default.aspx?TabId=232〕［二〇一八年三月三日アクセス］）に掲載されている。

(45) アントニオ・G・イトゥルベ『アウシュヴィッツの図書係』小原京子訳、集英社、二〇一六年、一〇ページ

(46) レイ・ブラッドベリ『華氏四五一度』宇野利泰訳（ハヤカワ文庫）、早川書房、一九七五年、一〇一ページ

(47) 文部科学省「初等中等教育における教育課程の基準等の在り方について（諮問）」(http://www.mext.go.jp/b_menu/shingi/chukyo/chukyo0/toushin/1353440.htm)［二〇一八年三月二十日アクセス］

(48) 内閣府「特集 今を生きる若者の意識――国際比較から見えてくるもの」(http://www8.cao.go.jp/youth/whitepaper/h26gaiyou/tokushu.html)［二〇一八年三月二十日アクセス］

第2章　学校図書館と子どものプライバシー

――「貸出記録」を軸に

1　内心とプライバシー

「読書」の力

「良き書物を読むことは、過去の最も優れた人たちと会話をかわすようなものである」。フランスの哲学者ルネ・デカルト（一五九六―一六五〇）の言葉です。

読書の有用性を説いた言葉は数限りなくありますが、その読書は人間一人ひとりの内心や人格の形成と深く関わっています。「内心」とは「(言動・態度・様子などには現わさない) 心の中 (の様子)」を意味し、「人格」とは「その人の物の考え方や行動の上に反映する、人間としてのありかた」とされています。(1) その「内心」は不変的なものではなく、可変的です。生まれて以来、すべての人間が備えているはずの「内心」は、日々変化を遂げています（きっと赤ちゃんも心に思うことを秘めていたと思います)。あれこれ思案し、あっちこっちに目を向け、内心は形成されてきました。

その内心形成に、読書は大きな役割を果たしています。読書によって「心の内」に変化が生まれるからです。本を読むことは、その思いに賛同するか否かにかかわらず、著者の「思い」に触れることです。そして読者は、その思いから様々なことを学び、感動し、ときには反発しながら、個々人の内心や人格を形成してきました。

人間は、外部からの様々な「刺激」を受けて成長し、発達するのだから、そうした刺激のなかに、読書が含まれることは至極当然なことです。ではその読書には、どんな力があるのだろうか。そうした「力」を垣間見ることのできるアンケートがあります。「朝日新聞」二〇一二年七月十四日付に掲載された「人生を変えた本と出合いましたか」(「between 読者とつくる」)というアンケートです。十代以下から七十代以上の人が回答しています(回答者数三千三十八人)。

そのアンケート結果は、「はい」が四二%で、「いいえ」は五八%でした。さらに「はい」と答えた人に、その人生を変えた本を「いつ読んだか」を質問しています。十代以下が四四%、二十代が二五%、その後の比率は急速に減少し七十代以上は五%になっています。内心や人格の形成期に深く関わる十代以下に本が大きな影響を与えていることがわかります。また「どんな影響を受けたか」についても質問していますが、上位の三点は、生き方の目標を見つけた(四百七十人)、新しい発想に気づいた(二百六十四人)、未踏の分野にはまった(二百人)、となっています。

このアンケート結果をみて、本にはすごい「力」があるのだと改めて思わされました。本によって、心を揺さぶられる経験をしたことが示されているからです。本は、生に悩み、人生に悩んでいる人には「生きよう！」という力を与え、出口が見つからなくて困惑している人には「飛ぼう！」という飛翔の翼を授けてくれます。

とはいえ、「人生を変えた本」といっても、それがたとえ同じ本でも万人に同じ思いを届けるわけではありません。年齢差や生活体験も異なります。また、その瞬間に何に悩み、何に喜び、何に感動したのかも違います。そうした違いのなかで、それぞれが出合った一冊の本が「人生を変える本」になるかもしれないのです。

たくさんの子どもに、そうした「出合い」があれば、と思います。ある人との出会いが、人生の分岐になることがあるように、一冊の本との出合いが、それぞれの子どもの分岐となり道標となってほしいと思います。そしてその本を通して、「世界」を広げていってほしいと思います。

「内心」を察知する——思想、言論弾圧の「手法」

様々な「刺激」を要因として形成される内心は、同時に一人ひとりの日常での営み（行動）の起点となります。すなわち、個々人の行動は、それぞれの内心が外部に表出したものです。一個の独立した人間として、自分の意思で、自由に行動したいという思いは、多くの人の共有するところですが、その行動の起点こそが内心なのです。

それだけに、内心の自由は、自由権的基本権のなかでも精神的自由権の基礎をなすものとして日本国憲法も規定しています。「思想及び良心の自由は、これを侵してはならない」（第十九条）という規定がそれで、「内心の自由」として保障されている権利です。

読書は、その思想・良心（内心）の形成と深く結び付いている行為です。その点、わが国の裁判所も、在監者が求めた図書閲読に関する裁判で、「図書および新聞の閲読は、思想形成の手段であるから、その自由は、思想の自由の一部またはこれに随伴するものとして、憲法の保障する基本的人権に属する」[2]とか、「図書閲読の自由は、憲法第一九条で保障されている思想および良心の自由に含まれる基本的人権である」[3]などと、読書と思想および良心の自由（すなわち内心の自由）との関連について述べています[4]。

その内心は、本人の心の内にあるものゆえに、本来は他者にはうかがい知ることができない領域です。もっとも、「しのぶれど　色に出でにけり　わが恋は…」という歌（平兼盛、『拾遺集』）にもあるように、「心に秘めてきた」ことが「顔や表情に出てしまった」、また「内心」が顔や表情を通して「外部」に表出してしまうこともあります。

また内心の自由の保障領域は、「高尚」なことであるとか、あるいは「低俗」なことであるかに関わりはありません。高尚か低俗かはそれぞれの人が判断すべきことであり、一律に決めることはできません[5]。そして、この内心の自由には「人が心の中で思うこと考えることを国家権力が抑圧・強制してはならない」という、「国家に対する一定の規範的命題」[6]が内包されています。その具体例の一つに「国家権力が、人の内心の「思想」を強制的に告白させたり、なんらかの手段によってそれを推知することを禁止する」[7]ことが含まれています。

「心の内を何らかの手段によって推知する」、それは、古くからとられてきた思想・言論弾圧の常套手段です。本章のテーマである図書館利用に関しても、戦前・戦中に特高警察によって図書館利用記録が思想調査に利用されたことがあります。例えば、『埼玉県立浦和図書館50年誌』には、「浦和警察署巡査部長特高視察係岩波書店発行雑誌「教育」の読者調査依頼につき来館[8]」（一九四四年六月二十九日）という記述が見られます。あるいは戦前、石坂洋次郎の代表作『若い人』は、その一部が不敬罪などにあたるとしてある右翼団体から検事局に告訴されていましたが、そうしたとき（一九三八年）、石坂洋次郎の故郷・青森県の弘前図書館に弘前署の刑事が訪れ、「『若い人』の中学生閲覧者を調べる」（二月十七日[9]）ということがおこなわれていました。図書館に残された利用記録を調べるという「手段」を使い、利用者の心の内を「推知」しようとしたのです。

内心とプライバシー

その内心は、他者からうかがい知ることができない点で、プライバシーと重なる点があります。プライバシーとは、「他人の干渉を許さない、各個人の私生活上の自由[10]」のことです。その「私生活上の自由」には、自分に関するある種のことを「秘密」にしておくことを含んでいます。だから「他人の干渉を許さない」というのは、その「秘密」にした世界に、他者を「立ち入らせない」ということが含まれています。これはプライバシーの自律的特質です。

「私の心の内を詮索しないでほしい」（内心の自由）、「私の私生活について干渉しないでほしい」（プライバシー）。こう並べてみると、両者には共通する領域が存在しています。

これを「読書」を軸に考えてみます。

・読書は個人の内心の形成と深く関わる営みである。だから「何を読んだか」を詮索することは、内心に立ち入ることになる。
・読書は私生活上の営みである。だから「何を読んだか」を詮索することは、プライバシーに立ち入ることになる。

同様に、内心の形成もプライバシーも、個人の尊厳と深く関わっています。個人の尊厳は、日本国憲法第十三条に「個人の尊重」という言葉で、「すべて国民は、個人として尊重される」と規定されています。その意味するところは、「個人は国政のあらゆる場において最大限尊重されなければならない（略）。これは、一人ひとりの人間が「人格」の担い手として最大限尊重されなければならないという」[11]ことです。ですから、個人の尊厳という原理には、一人ひとりが自立的に形成すべき分野に対して、他者が干渉したり立ち入ることを認めないということが包含されています。内心の形成もプライバシー権も、その自律的特質と深く関わった権利です。

内心の形成と深く関わる読書、そして他者の詮索を許さないプライバシー。そこで本章では、学校図書館は、利用者である子どものプライバシーとどのように向き合ったらいいのかについて、プライバシー権概念の変遷や子どもの図書館利用記録（貸出記録）の取り扱い方などを軸に論じていきます。

2　プライバシーの権利

「宴のあと」訴訟

「プライバシー」(privacy) とは、いうまでもなく、英語を片仮名表記した言葉です。そのプライバシーを英和辞典で引くと、「他人から干渉［監視］されないこと。私的自由、私生活：人目を避けること」[12]とあります。しかしプライバシーという英語のほうが、日本語よりも一般的で感覚的にもピッタリしています。

その理由には、この言葉がわが国で広まった契機と関連があるようです。その契機とは、ある小説のモデルとされた人がプライバシーを侵害されたとして謝罪広告の掲載と慰謝料を請求した事件です。その謝罪を求めた広告文案に「プライバシーを侵害」という文言があります。ここで用いられた言葉は「私生活」ではなく、「プライバシー」です。この訴訟の原告（元外務大臣・有田八郎）は、被告（作家・三島由紀夫）とともに著名な人物だったため、訴訟は社会から大きく注目されました。これが「宴のあと」訴訟です。小説が『宴のあと』（新潮社、一九六〇年）という作品名だったので、この訴訟名が一般的になりました。訴訟は一九六一年に始まり、六四年に判決（東京地裁）が出ています。

二〇一一年の「朝日新聞」に「昭和史再訪」というシリーズ記事がありました。その二月十六日には、この「宴のあと」裁判を取り上げましたが、その際の見出しは「耳慣れぬプライバシー争点」となっています。しかしこの訴訟を機に、プライバシーという言葉は社会に広まりました。「もはや戦後ではない」（経済企画庁『経済白書』、一九五六年）から数年、三Cといわれる電化製品（白黒テレビ・洗濯機・冷蔵庫）は家庭に普及し、池田勇人内閣の登場によって高度経済成長期に入り、国民の「中流意識」は八〇%を超えていました。日常生活のなかに、「プライバシー」という言葉が入り込む素地が生まれつつありました。

「ひとりにさせてもらう権利」としてのプライバシー権

①「プライヴァシーの権利」（「The Right to Privacy」、一八九〇年）

しかしこの時期には、「プライバシー」訴訟が生まれる土壌もできつつありました。この訴訟が始まる約二年前の一九五九年に、法学の専門雑誌「法律時報」は、「プライヴァシーの法理」というタイトルの特集を組んでいます[13]。その巻頭論文には、警備公安警察が「さまざまの方式で不断に」おこなう情報取集活動の過程で生じる基本的人権の侵害、プライバシーの侵害の課題や問題点が詳述されています（傍点は原文）。こうした警察などの手法に対し同論文では、幸福追求権（第十三条）、適法手続きの保障（第三十一条）、住居不可侵の原則（第三十五条）、刑事手続における人身の自由（第三十三条、第三十八条など）など憲法の各条文を援用し、これらの「諸条章が、当面する行政権力下のプライヴァシー問題の理解のために、規準的な示唆を与える[14]」と述べています。プライバシー権がまだ登場していなかった時代、憲法のこれらの条文を総動員して、こうした手法に対する異議申し立てをしたのです。

その「法律時報」に、「プライヴァシーの権利」（「The Right to Privacy」、一八九〇年）というアメリカの論文が翻訳・掲載されました。[15]「アメリカのプライバシーの法の発展の導火線をなした」、あるいは「アメリカにおいて形成されたプライバシーの権利の生みの親としての名誉をもつものといっても過言ではない[16]」と評される、いまから約百三十年前の論文です。

この論文は、サミュエル・D・ウォレンとルイス・D・ブランダイス二人の連名の論文です。ウォレンはもともと弁護士で、父（上院議員）の事業を相続した富裕な製紙業者でした。そうした社会的地位の高さもあって、ウォレン夫人は、常にイエロー・ジャーナリズムによる私生活の報道で悩まされていたといいます。夫のウォレンは、そうした事態に法的に対抗するため、かつて法律事務所の同僚だった若き俊才ブランダイスに相談・協議し、ブランダイスが主としてまとめあげたのがこの論文でした。「ハーバード・ロー・レヴュー」という法律専門誌の誌面を飾りました。[17]

②「私生活をみだりに公開されないという法的保障ないし権利」――「宴のあと」判決

しかし、いずれの人権も人権のカタログに加えられるには、そうした人権を必要とする社会構造の変化があります。プライバシー権も同様です。私人の秘密や私事に詮索・介入しようとするマスメディア、情報・通信に関する科学技術の著しい発展、企業の営利活動に伴う個人情報の集中管理、国民（住民）の私的情報の行政機関への集中と一括管理などの状況は、プライバシー権を一個の権利として容認すべきという認識を高める社会的要因をなしています。先の論文「プライヴァシーの権利」も、十九世紀末のアメリカで、イエロー・ジャーナリズムによる私生活の暴露が端緒となって発表されました。そのなかに、次のような指摘があります。

新聞雑誌《プレス》は、あらゆる方面において、礼節と分別の明白な限界を越えつつある。うわさ話《ゴシップ》は、もはや怠け者やふしだらな者のうさ晴らしではない。それは、いまや商売となり、そして厚かましくも懸命に追求されている。好色な趣味を満足させるために、性的関係の詳細が日々の新聞のコラムで広く撒布されている。怠惰な者の関心をひくために多くのコラムが不真面目なうわさ話でみたされている。そしてそういううわさ話は、家庭生活の領域を侵すことによってしか入手できないような種類のものである。(18)

今日みられるわが国のマスメディア状況の一端を指摘しているかのような内容ですが、この論文もまた、私的領域に対する権利侵害が拡散・増大していくという社会状況のなかで発表されました。そしてこの論文で、プライバシーの権利を、クーリ判事による「ひとりでいる権利」(right to be let alone) の定義を引用し特徴づけて以来、この「ひとりでいる権利」、いわば「ひとりにさせてもらう権利」説は、プライバシー権を端的に表現する定義として広く引用・採用されてきました。先の「宴のあと」東京地裁判決も、こうした考えを受け継いだものです。同判決は、前述した日本国憲法の原理である個人の尊厳の思想を引きながら、次のように判示しています。

近代法の根本理念の一つであり、また日本国憲法のよつて立つところでもある個人の尊厳という思想は、相互の人格が尊重され、不当な干渉から自我が保護されることによつてはじめて確実なものとなるのであつて、そのためには、正当な理由がなく他人の私事を公開することが許されてはならないことは言うまでもないところである。[19]

そして、実定法上の軽犯罪法（他人の住居ののぞき見）、民法（相隣地の観望）、刑法（信書開披罪）などを例示し、これらの規定がプライバシー保護に資する規定であると述べた後に、プライバシー権の尊重について、次のように判示しています。

その尊重はもはや単に倫理的に要請されるにとどまらず、不法な侵害に対しては法的救済が与えられるまでに高められた人格的な利益であると考えるのが正当であり、それはいわゆる人格権に包摂されるものではあるけれども、なおこれを一つの権利と呼ぶことを妨げるものではないと解するのが相当である。[20]

さらに、「プライバシー権は私生活をみだりに公開されないという法的保障ないし権利として理解される」と判示しています。この判決が「ひとりにさせてもらう権利」としてのプライバシー権を日本に広める端緒になりました。

「自己に関する情報をコントロールする権利」としてのプライバシー権

この「ひとりにさせてもらう権利」は、個人の私生活に対する干渉・介入を禁止することです。すなわち「alone」、「私にかまわないで」という、他者との関係では消極的な結び付きを主軸とした権利です。

しかしその後、プライバシー権を、こうした消極的な権利ではなく、積極的・能動的に「自己に関する情報をコントロールする権利」（情報統制権）として位置づける考え方が有力に展開されてきました。「自己の存在にかかわる情報を開示する範囲を選択できる権利」[21]という学説がその代表的見解です。そうした考えの背後には、現代社会の大きな変化があります。例えば今日の国家は、個人の私的領域に関する情報を大量に収集・管理するようになっています。教育、医療、社会福祉、税、戸籍などの個人情報の収集・管理・利用は、今日の国家が日常的におこなっている事柄です。あるいは、民間事業者は、取り引きを通じて得た膨大な顧客情報を蓄積・加工し、事業に利用しています。しかも、こうした個人情報の収集・利用が、コンピューターの発達と情報処理、通信技術の急速な進歩・発展を背景に、広範かつ日常的におこなわれている社会でもあります。そして、マスメディアによる私生活への干渉・介入はさらに激しくなっています。このように社会が大きく変化していくなか、今日のプライバシーは、次のような状況と隣り合わせになっているといえます。

第一は、個人の私的領域に関する情報（私的情報）が収集される際、本人の同意あるいは了解のもとでおこなわれるとはかぎらない、ということです。本人が知らない（不知）まま私的情報が事業体などに収集・蓄積・管理され、また本人が不知のまま私的情報が第三者に流出する事態が起きています。特定企業による個人情報の外部流出がしばしば社会問題化し、また大量の私的情報の分析によって、特定個人の「人間像」が浮き彫りにされることもありえる社会に私たちは生きています。

第二は、そうした私的情報のなかには不正確・不適切な情報が含まれることもある、ということです。しかし、収集が本人の不知・不同意のままおこなわれた場合には、そうした不正確・不適切な情報の訂正・削除もできず、その結果、本人に不利益が生じることも考えられます。また正当に収集された情報であっても、本人の承諾なく、収集目的とは異なった形で利用される（目的外利用）事態が生じることも考えられます。

実際今日、個人データの提供に関する国民の不安は、実際かなりの数にのぼっています。総務省の『二〇一七年情報通信白書』[22]によると、「パーソナルデータの提供全体に対する不安感」は、「とても不安に感じる」二四・七％、「やや不安に感じる」五九・四％で、合わせると「不安に感じる」人は八〇％を超えています。口座情報、公的な個人識別番号、生体情報（顔画像、指紋など）、位置情報・行動履歴、病歴・病状、氏名・住所など、その内訳は多岐にわたっています。この調査からは「自分の情報がどのように利用されるかわからない」という不安感を読み取ることができます。

それだけに、こうした新たな社会の到来、情報環境の変化のもとでは、プライバシー権を「ひとりにさせてもらう権利」と定義づけるだけでは不十分になってきました。つまり国民は、主観的には「ひとりでいる権利」を保障されているように思いながらも、客観的にはその侵害の態様さえも認識できない状況が出現してきたのです。そうしたなか、私的情報のうち、どんな情報が、どんな目的で、誰に収集され、それがどのように利用されているかを正確に把握し、不正確・不適切な情報があればその訂正・削除を求めることの重要性が認識されるようになりました。こうした考えは、プライバシー権を、個人の私的領域への他者からの詮索・介入の排除という消極的・受動的権利として位置づけるだけではなく、プライバシーの保護を積極的・能動的に請求していくという側面を前面に出したものです。プライバシー権を「自己に関する情報をコントロールする権利」と捉える見解、いわゆる「情報統制権」説の登場です。

3　学校図書館とプライバシー――「貸出記録」との関連

貸出記録――「特定図書」と「特定個人」の結び付き

こうした考えをもとに、学校図書館とプライバシーについて検討を加えていきます。子どもの学校図書館の利用は様々です。目的も、子ども一人ひとりが自らの興味・関心に基づいて利用する、学習課題に対応するために利用する、あるいは生活の必要に応じて利用する、などそれぞれ違っています。利用形態も閲覧だけで終わる場合もあれば、館外貸出を受ける場合もあります。さらには、レファレンスあるいは複写サービスを受けることもあります。

こうした利用形態のなかで、特にプライバシーと関わるのが貸出の際の貸出記録です。学校図書館だけでなく、多くの図書館は、資料を館外に貸し出す際は利用者から、①誰に貸したか（利用者名）、②どんな資料を貸したか（資料名）、③いつまで貸し出すか（期限）、の三項目の貸出記録を入手しています。それは、貸出記録の媒体（紙、コンピューター）にかかわらず同様です。ですから貸出記録にはどんな本を誰に貸したのか、これを利用者の側から見ると、個々の利用者がどんな本を借りたのかが記録されているわけです。すなわち貸出記録は、「特定図書」と「特定個人」とを結び付けた記録なのです。

学校図書館でのプライバシー論議の登場

学校図書館の貸出記録は、プライバシーとの関係で、これまでも長い間論議の対象になってきました。例えば一九七〇年代半ばには、利用記録が残る帯出者カードについて「仮に、帯出者カードを使うと決めたならば、読書教育にたずさわる教師として、学校図書館員は児童・生徒の読書記録を、医師がカルテを扱うように、扱うべきである。それは児童・生徒の同意なしに、絶対に他者に見せてはならないものである[23]」という見解が出されていました。

実は図書館界では、一九七〇年代以前から図書館利用者のプライバシー権については論議の俎上にのぼっていました。六〇年代半ばには、『貸出しと閲覧』のなかでニューアーク式の短所として「ブック・カードに番号とはいえその図書を借りた利用者の記録が残っていて、後からの利用者に見られること。番号であればまだよいが、ブック・カードに利用者の氏名など書く館があるが、全く利用者の心理を知らない無神経なやり方である[24]」という指摘があり、貸出方式でのプライバシーへの配慮が論じられていました。また七〇年出版の『市民の図書館』は、図書館利用を阻害している要因の一つに「利用者個人の読書傾向を図書館がみているのではないかという心理的な負担」があることをあげ、この負担を取り除くために、図書の「返納後は記録が一切残らない」方法をとるべきことを提起し、「記録が残らないことが利用者にわかると、利用は飛躍的にのびる[25]」と論じていました。そうしたなか、東京都東村山市立図書館設置条例が施行（一九七四年四月）され、「図書館は、資料の提供活動を通じて知り得た利用者の個人的な秘密を漏らしてはならない」（第六条）という、利用者の秘密を遵守するための条例を制定しました。図書館が利用者の秘密の遵守を規定した最初の実定法です。

また一九八〇年代に入ると、学校図書館との関連でも論議が展開されました。『教育としての学校図書館』では、「指導者が読書事実（読書歴を含めて）を知ることと、読書事実が第三者にいつまでもわかるようなシステムになっていることとを区別して考えることの重要性」を指摘したうえで、「読書をすぐれて個性的な、心の自由の問題としてとらえ、教師といえども一方的にそこへ土足で踏み込むようなことはすべきでないし、図書館はそういう記録を残さないという考えを実践することは、学校教育のなかにプライバシーの概念を定着させるための鋭い問題提起となろう[26]」という見解が述べられていました。

さらに一九九〇年代に入ると、「学校図書館」誌（全国学校図書館協議会）でもプライバシー権を論じた「個人情報の保護と学校図書館」と題した論文が掲載されました。そのなかでは、学校図書館でも子どものプライバシーを尊重するような図書館運営のあり方の検討が求められ、「それは貸出方式の問題だけではなく学校図書館の運営全般に関して、プライバシー権の尊重という視点からこれまでの図書館運営を見直してみる必要がある」[27]という指摘がありました。

この時期には、わが国でも「子どもの権利条約」が批准されました（一九九四年）。同条約第十六条は「いかなる子どもも、プライバシー、家族、住居または通信を恣意的にまたは不法に干渉されず、かつ、名誉および信用を不法に攻撃されない」と規定しています。子どものプライバシー権を包括的に規定した条文です。条約の意義と合わせ、学校図書館利用者の貸出記録とプライバシーの問題も論議されました。[28]

また一九九〇年代前半には、各地で個人情報保護条例が制定され、その保護すべき「個人情報」のなかに、学校図書館の貸出記録が含まれるのかも論議の対象になりました。九〇年に成立・施行した神奈川県個人情報保護条例は、その第六条に「実施機関は、次に掲げる事項に関する個人情報を取り扱ってはならない」として、「思想、信条及び宗教」などが例示されていましたが、この条項と関わり、県当局から「生徒氏名と書名が同一カードに併記される方式」の改善が求められました。[29]貸出カードが、こうした事項に触れる恐れがあるという指摘です。それは、図書館利用者である子どものプライバシーとも関わる問題でした。

こうして、特に一九八〇年代以降、学校図書館でも学校図書館利用者とプライバシーとの関連が課題になり始めました。その課題の中心は貸出記録をめぐる問題でした。

「図書館の自由に関する宣言」と利用者のプライバシー

他方、図書館界では、図書館利用者のプライバシーの問題は、「図書館の自由に関する宣言」（日本図書館協会）を軸に論じられてきました。その宣言は、二度採択されています。一度目は一九五四年、二度目は七九年です。図書館利用者のプライバシーは、その二度目の宣言（一九七九年改訂宣言）で直接取り上げられています。宣言は、「図書館が確認し実践すべき事項」として、次の四項目を列挙しています。

⑴図書館は資料収集の自由を有する
⑵図書館は資料提供の自由を有する
⑶図書館は利用者の秘密を守る
⑷図書館はすべての検閲に反対する㉚

この四項目のうち、プライバシー条項（「図書館利用者の秘密の遵守」）以外の三項目は、いずれも一九五四年宣言に規定された項目を再確認したものですが、プライバシー条項は七九年宣言のなかで初めて明文化されたものです。そしてこの条項をもとに、同宣言の副文で、図書館利用者の秘密の遵守に関して次のような三つの原則を掲げています。

(1)読者が何を読むかはその人のプライバシーに属することであり、図書館は、利用者の読書事実を外部に漏らさない。ただし、憲法第三十五条にもとづく令状を確認した場合は例外とする。
(2)図書館は、読書記録以外の図書館の利用事実に関しても、利用者のプライバシーを侵さない。
(3)利用者の読書事実、利用事実は、図書館が業務上知り得た秘密であって、図書館活動に従事するすべての人びとは、この秘密を守らなければならない。

さらに一九七九年宣言の「解説」では、この規定の中軸をなす「利用者の秘密」の内容を明らかにしています。個人が図書館を利用することで、図書館が知りうる事実として次の事項を列挙しています。

(1)利用者の氏名、住所、勤務先、在学校名、職業、家族構成など
(2)いつ来館（施設を利用）したかという行動記録、利用頻度
(3)何を読んだかという読書事実、リクエストおよびレファレンス記録
(4)読書傾向
(5)複写物入手の事実[31]

そしてこれらの事実は、「いずれも利用者のプライバシーに属することであり、これらの事実は、本人の許諾なしには、他の人にたとえ保護者・家族であっても知らせたり、目的外に使用すること

は許されない」(32)としています。かなり詳細に利用者のプライバシーに関わる事実を例示しています。この宣言がそのまま学校図書館に適用されるわけではありませんが、このプライバシー条項は、学校図書館でのプライバシーを考える際に参考になるものです。

プライバシー情報とは

しかし貸出記録をプライバシー情報であるとするには、さらに貸出記録とプライバシーとの関連を検討しなければなりません。そこで次に、プライバシー権の保護客体となる情報（プライバシー情報）とはどんな情報なのかについて、プライバシーと関連して争われた訴訟の判決を参考に検討していきます。

まずは、先の「宴のあと」東京地裁判決です。判決は、プライバシーの侵害に対し法的救済が与えられるためには、公開された内容が次の要件に合致するとして、三つの要件をあげています。

(イ)私生活上の事実または私生活上の事実らしく受け取られるおそれのあることがらであること
(ロ)一般人の感受性を基準にして当該私人の立場に立った場合公開を欲しないであろうと認められることがらであること
(ハ)一般の人々に未だ知られていないことがらであること

とてもわかりやすい要件です。表現は異なりますが、この判決が示した基準と同様なものに「石に泳ぐ魚」東京地裁判決があります。この訴訟は、柳美里の小説『石に泳ぐ魚』(「新潮」一九九四年九月号、新潮社)で、同小説のモデルとされた女性(原告)が、その内容によって、名誉を棄損されプライシーを侵害されたとして、被告(作者、出版社)に対して損害賠償や同小説の公表差し止めなどを求めたものです。それに対し、東京地裁は公表差し止めを認める判断を下しました。その際、プライバシー侵害について、次のように判示しています。

原告がみだりに公開されることを欲せず、それが公開された場合に原告が精神的苦痛を受ける性質の未だ広く公開されていない私生活上の事実が記述されている場合には、本件小説の公表は原告のプライバシーを侵害するものと解すべきである。(33)

この判決では、プライバシー侵害の要件を、①公開を望まず、②いまだ広く公開されておらず、③私生活上の事実が記述されている場合、としています。そして同事件の二審(東京高裁)判決(34)も「私人が、その意に反して、自らの私生活における精神的平穏を害するような事実を公表されることのない利益(プライバシー)は、いわゆる人格権として法的保護の対象となる」と判示し、同小説における五点にわたる記述は「いずれも被控訴人〔第一審における原告：引用者注〕)がみだりに公開されることを欲せず、それが公開されると被控訴人に精神的苦痛を与える性質の事実というべきである」として、同小説の公表は「プライバシーの侵害に当たる」と判示しています。

これら二件の判決は、「私人」間の紛争に関する判決です。他方、「私人対公権力」との関係ではプライバシーはどう理解されてきたのか、その点に関しプライバシー権を実質的に肯定した二件の最高裁判決を紹介します。

第一は、京都府学連事件最高裁判決[35]です。この事件は、デモ行進に際して、警察官が犯罪捜査のためにおこなった写真撮影の適法性が争われた事件です。その撮影には、デモ参加者の容貌・姿態が含まれていて、こうした容貌などの写真撮影が許容される限度と憲法十三条（幸福追求権）との関連が争点になりました。最高裁は、「個人の私生活上の自由の一つとして、何人も、その承諾なしに、みだりにその容ぼう・姿態を撮影されない自由を有するものというべきである。これを肖像権と称するかどうかは別として、少なくとも、警察官が、正当な理由もないのに、個人の容ぼう等を撮影することは、憲法一三条の趣旨に反し、許されないものといわなければならない[36]」と判示しています。

第二は、前科照会事件最高裁判決[37]です。この事件は、政令指定都市の区長が弁護士法に基づく照会に応じて、前科及び犯罪経歴を弁護士会に報告したことが、公権力の違法な行使にあたるか否かが争点になった事件です。判決は、前科と犯罪経歴は「人の名誉、信用に直接にかかわる事項であり、前科等のある者もこれをみだりに公開されないという法律上の保護に値する利益を有する」と判示しました。ここでは、プライバシーという言葉は使用されていませんが、補足意見（伊藤正己裁判官）で「他人に知られたくない個人の情報は、それがたとえ真実に合致するものであっても、その者のプライバシーとして法律上の保護を受け、これをみだりに公開することは許されない」としています。この補足意見ではプライバシーという用語が明示的に使用されていて、前科などもプライバシーの保護対象になるという判断です。

これらの判例を参考にして、プライバシー権の保護客体の要件について検討していきます。

その第一は、その情報の性格が当該個人の「私的領域」(私生活、私事性)に関わる情報です。個人情報(特定の個人を識別する情報)のうちでも「私的領域」性が高い情報です。個人情報には、①内心の秘密(思想・宗教・信条など)、②身体の状況(健康状態、病歴、身体的特徴など)、③生活および家庭関係(住所・氏名、戸籍、家族関係、家庭内での生活状況など)、④経歴と社会的活動(学歴、職業歴、結婚歴、離婚歴、犯罪歴、所属団体など)、⑤財産状況(財産額、所得など)などがあります。しかし、これらの情報すべてがプライバシー情報ではなく、他者からの干渉・介入を排除することによって自己の利益を保護する必要がある情報、すなわち「私的領域」性が高い情報です。しかし、何をもって「私的領域」性が高いと判断するかは、その情報が置かれている状況によって異なりますが、健康状態や病歴、家庭内での生活状況、財産額・所得など、個人情報の多くは「私的領域」に属する情報です。「宴のあと」の私生活上の出来事はそうした情報の典型です。

第二は、一般的には「公開を望まない」情報です。もちろん、氏名、年齢、住所、学歴、資格などの個人情報を他者に提供したり(例えば就職試験など)、自己の考え方(思想・信条など)を外部に表出したり(新聞などへの投書)する場合がありますが、こうしたケースは、自己情報の開示を自己の判断のもとにおこなったものです。しかし、病歴や戸籍、家庭内での生活状況、金融機関との取り引き状況など、個人情報の多くは公開を望まない情報です。これらの情報は、他者から詮索されたくない情報、すなわち「ひとりにさせてもらいたい」情報です。「宴のあと」の私生活上の出来事、前科照会事件での前科と犯罪経歴、『石に泳ぐ魚』での原告女性の「顔面」に関する「か烈な表現」（最高裁判決）もそうした情報に該当します。

第三は、いまだ多くの人に知られていない（「非公知」）情報です。当該個人が了解した範囲外の者に知られることによって私生活上の平穏が害されるおそれが増大する情報です。病歴や家庭内での生活状況、所属団体、財産状況など多くの情報がこれに該当します。前科照会事件での前科（犯罪歴）は、そうした情報の典型です。

プライバシー情報の要件は、この三点が重なっています。「私的領域」に関する情報であり「公開を望まない」情報であり、かつ「非公知」情報です。こうした情報は、自己の内心をさらすことになったり、また自己に不利益を与えることになったり、さらには自己の尊厳を損なったりするため、他者の詮索・介入を許さない情報です。そしてこれらの情報を外部へ流出するか否かは情報保持者の自律的保障、すなわち情報統制権のもとにあるものとされます。そのため、他者がこれらの情報を利用する際は、当該本人の承諾が必要になるのです(38)。

プライバシー情報としての貸出記録

こうした理解を前提に、貸出記録とプライバシー権との関連についてさらに検討します。

第一は、「私的領域」についてです。一般に、人々が図書閲読によって得ようとする価値・目的は多様です。個人の自己実現や人格形成、学問研究、政治的・社会的な意見形成、日常生活の便益・快適さの実現、など多々考えられます。それだけに、図書閲読という行為には個々人の興味・

関心、心のありよう、生活上の変化などが写し出されています。これは読書がもつ「私的領域」性です。貸出記録には、そうした「私的領域」性が写し出されています。

それは、学校図書館を利用する場合も同様です。子どもが「先生、何か面白い本な〜い？」というとき、その面白い本は、個々の子どもの興味・関心と関連しています。自分や家族が病気のときは、それに関連した本を読みに学校図書館にやってきます。進路に迷ったときは自分の道を見つけるべく関連した本を、また学習課題で困っているときは、その課題を解決するために本を借りていきます。主権者となった十八歳は、この国のありようを知るために学校図書館へ足を運びます。さらには、様々な悩みを抱えたり、自分の居場所を求めて来館し、心の隙間を埋めるかのように本を手にする子どもがいます。ですから、「本」を通して、子どもの生活、問題意識、考え方、人生の行方など、「何を思っているのか」、心の一端を推測することができるのです。「学校図書館の蔵書は、子どもに薦める本ばかりだから、何を読んだかが問題になることはない」という考えもありますが、「良書」「悪書」にかかわらず、「本」を鏡にして子どもの心や生活の一端が写し出されるのです。その一端を記録したものが貸出記録です。この意味で、貸出記録は「私的領域」性を有しているのです。

第二は、「公開を望まない」情報についてです。読書は、そのときどきでどの本を手に取るかは異なり、思いの現れ、心模様の変化を体現しています。ですから貸出記録には、利用者個々人の思想形成や人格形成の過程、あるいは個人の趣味、悩みなどを推測させる情報を含んでいます。これらは、内心を推測させる情報です。その内心と関わる情報は、センシティブ（取り扱いに注意を要する）な情報として強い保護が求められています。そして、センシティブな情報は「公開を望まない」情報です。そのため、読書の一端を記録した貸出記録も「公開を望まない」情報の一つなのです。

第三は、「非公知」性についてです。一般的に、表現の自由（憲法第二十一条）が保障する表現手段には限定がありません。そのため、情報伝達手段の多様性に応じて、情報の入手方法も多様性を帯びています。しかし、多様な情報入手方法のなかでも、その入手方法が個人的・非公開的性格を有しているものがあります。電話やメール、手紙などはそうした方法の典型ですが、図書閲読もまた個人的・非公開的性格を有しています。そのため、「どのような本を読んだか」は、本人がそのことを知らせないかぎりは他者にはわかりません。これが「非公知」性です。このことから、読書の一端を記した貸出記録も「非公知」情報なのです。

そのため他者が、誰がどんな本を読んだかを知ろうとすれば、何らかの方法による詮索・介入が必要です。いわば「調べる」ことになります。しかし、こうした詮索・介入は、プライバシーを侵害することによって個人の尊厳を侵すものです。すでに述べたように、個人の尊厳という原理には、個人が自律的に形成すべき分野に対して、他者の干渉・立ち入りを認めないということが内包されています。ですから、貸出記録を外部に流出するか否かは、利用者が自律的に判断すべき領域に属する事柄（「自己統制情報」）なのです。

学校図書館の「貸出記録」

学校図書館の貸出記録も、「私的領域」「公開を望まない」「非公知」情報としての特質をもっています。貸出記録はプライバシー情報としての属性を備えていることから、学校図書館でも、その取り扱いは慎重におこなうことが求められます。

学校図書館の貸出方式は、今日ではコンピューターを用いる「コンピューター式」に移行しつつあります。学校図書館蔵書のデータベース化に伴い、コンピューター式が推進されてきました。文部科学省の調査[39]によると、学校図書館蔵書のデータベース化状況は、小学校：七三・九％、中学校：七二・七％、高等学校：九一・三％となっています。そのうち、当該電子管理を活用して貸出・返却をおこなっている学校は、小学校：八八・三％、中学校：八五・六％、高等学校：八九・五％です（二〇一五年度末現在）。これらのデータを参考にすると、データベースをもとに貸出・返却をおこなっている学校の割合（全学校に占める割合）は、小学校：六五・三％、中学校：六二・二％、高等学校：八一・七％です。データベースを利用することで、貸出方式も次第にコンピューター式へと転換している傾向をうかがい知ることができます。

コンピューター式が採用される前は、カードを用いた「カード式」が採用されていました。そのカード式のなかで、学校図書館で採用されたのは主として次の二方式です。一つ目は「ニューアーク式」です。この方式は、ブックカードを用いる方式で、その一般的な特徴は次のようなものです。

・利用者は資料を借りる際に、資料の裏表紙に貼付されているブックポケットに収められたブックカード（資料名、著者、請求記号、登録番号が記されている）に、学年、学級、氏名、貸出日、返却予定日を記入する（利用者の個人カード〔貸出カード〕を併用することもある）。

・図書館は、資料に貼付された貸出期限票（DATE DUE）に返却期限日の日付印を押して、資料を利用者に渡す。ブックカードは貸出用のカードケースに返却期限日ごとに保管する。返却時は、カードケースからブックカードを取り出して返却日を記入し、返却された資料にブックカードを入れ、資料は書架に戻す。

この方式では、資料の返却後も貸出記録がブックカードに残ったままであり、貸出記録が他者の目に触れることが常態化しています。前述のプライバシーの三要件のいずれにも抵触する方式です。そのため、この方式は、プライバシー権との関連で疑問が提起されてきました。

カードを用いる二つ目の方式は「個人カード式」です。この方式は、利用者個別のカード（個人帯出カード）を用いる方式で、その一般的な特徴は次のようなものです。

・利用者は資料を借りる際に、個人帯出カード（利用者氏名、学年、学級が記されている）に資料名、請求記号、貸出日を記入する。

・図書館は、資料に貼付された貸出期限票（DATE DUE）に返却期限日の日付印を押して、資料を利用者に渡す。帯出者カードは貸出用のカードケースに返却期限日ごとに保管する。返却時は、カードケースから帯出者カードを取り出して返却日を記入し、資料は書架に戻す。

この方式では、資料に利用者名は残りませんが、カードには個人の利用履歴が残っています。そしてそのカードは個人のものですが、図書館が一括してカードケースに保管しています。それだけに、カードの管理をきちんとすることが求められます。

カード式には、その他に「ブラウン式」があります。この方式では、貸出券、ブックカード、ブックポケットを使用します。そのブックカードには資料名が記されていますが、利用者名を同時に記入する必要がないので、プライバシーの問題は起きませんが、学校図書館には普及しませんでした。また貸出方式には「帳簿式」という方式もあります。一冊の図書貸出簿に貸出月日、資料名、利用者氏名などを記入する方式なので、利用者が多い学校では大変に手間がかかります。

これらの貸出方式のなかで、ニューアーク式を使用する学校は蔵書のデータベース化に伴い減少しつつありますが、現在でも校種を問わず採用されています。また個人カード式を使用している学校は現在もかなり存在し、個人カードをコンピューター式と併用して利用している学校もあります。

こうした貸出記録を学校図書館はどう扱うのか、二〇〇六年に刊行された『学校経営と学校図書館』では、プライバシーという言葉は使用していませんが、次のような配慮が述べられています。


たとえ小学生であっても、自分が読みたい本や知りたいことのために利用するメディアについて知られたくない場合もあり、まして思春期にある中・高校生においてはそういう場合が多々ある、という事実は認識していなければならない。学校図書館は、読書という児童生徒の内心に深くかかわる場であり、〈知りたい〉〈読みたい〉という自由を保障する場であることを忘れてはならない。(40)

また二〇〇五年に刊行された『読書と豊かな人間性の育成』に、次のような指摘があります。

利用者のプライバシー保護は図書館の原則であって、教育の場にある学校図書館では利用者がおもに児童・生徒であることを念頭に置かなければならない。そのため貸出記録の保管と整理などは慎重に扱うこと。(41)

こうした指摘は、利用者（子ども）の立場に立って考えるとよりわかりやすいと思います。私は現在、大学で学校図書館司書教諭・司書資格の取得を目指す学生に講義をしていますが、そのなかで貸出方式について話をすることがあります。その際学生に、自分が経験した小・中・高校時代の貸出方式を思い出してもらい、それについて感想を聞くことがあります。そのうち「ニューアーク式」を経験した学生のなかには、次のような感想を述べる学生がいます。

・「何を読んだか」を他者に知られるのがいやで、ある種の本（思想的な本、病気、性など）は、学校図書館から借りなかった。
・何を読んだかを、他の先生（担任を含めて）に知られるのがいやだった。
・何を読んだかを知られるのは、自分の心の内をのぞかれているようだった。

他方、「カードに多くの利用者名が記されているので、人気の本だと思い自分も借りた」という学生もいました。またこの方式の特質を知るなかで「自分が学校図書館係になったとき、この方式を採用していた場合、どうしようかな」と考える学生もいました。学生は、ニューアーク式という貸出方式を考えるなかで、プライバシー、個人情報、秘密、思想・信条など様々なことに思いをめぐらせました。

アニメ映画『耳をすませば』（監督：近藤喜文、スタジオジブリ、一九九五年）は、主人公の少女が、学校図書館で借りる本のブックカードに、一人の少年の名前が記されていることに気づき、先に同じ本を読んでいる少年に「思い」を馳せるストーリーです。その貸出方式はニューアーク式です。映画の展開はロマンチックですが、貸出記録がどのように利用されるかは一様ではありません。以前テレビドラマで、警察官が図書館で利用者の貸出情報を尋ね、これに図書館員が応じて貸出記録を提供する場面が登場しました。そのため、こうした提供が図書館利用者のプライバシーを侵害するのではないかと問題になったことがあります。

また貸出記録が、個々の場面でどのように利用されるかは一概に推測できません。個人情報は、情報保持者を他者と識別する情報でもあるため、その識別された情報が情報保持者の「評価」に利用されることがあります。それだけに、貸出記録というプライバシー情報が、どのような評価に利用されるかには気を配る必要があります。「○○という本を読んでいる」という理由で、マイナス評価（あるいはプラス評価）の対象になるかもしれません。『耳をすませば』では、貸出記録が同じ本を読んでいる少年への「思い」につながっていきましたが、逆に「○○」という本の貸出記録が、その当人への批判、反発などへと結び付くことも考えられます。特に同調圧力が強い今日の社会、周りを見回し、何を言われるかを気にしているような社会（それは、学校社会も同様ですが）のなかでは、「みんなと同じ」ことが求められがちです。そうしたなか、貸出記録を他者（友人、同級生など）が知った場合、その貸出記録が同調圧力を強める「道具」の一つに利用されないか心配です。「自分が何を読んだか（借りたのか）を、他者に知られるかもしれない」。ニューアーク式の場合には、こうしたプライバシーへの懸念が、先の学生の感想にも表れています。特に中学・高校生になるにつれて、こうした傾向が強いようです。読書が内心の自由と関わり、プライバシーの一領域を形成していることを実感します。

二〇一五年に、作家・村上春樹の高校時代の読書記録が残っていたことがわかり、それがマスメディアを通じて報道されました。村上春樹が在籍していた高校で、元教諭が廃棄寸前になっていた蔵書を整理していたところ、在校中の村上春樹の貸出記録（帯出者カード）が見つかり、カードの写真とともに新聞に報じられました。写真には同じカードに残る他の生徒の名前、学級、貸出日も読み取ることができるようになっていました。(42) 彼の卒業後約半世紀を経てもなおです。プライバシー問題はいまなお課題であることを感じさせる出来事でした。

また、二〇一八年四月二十三日に放送されたＮＨＫのドキュメンタリー番組『プロフェッショナル　仕事の流儀』では、北海道の中学校の図書室を訪ねた際に、本の貸出カードを映す場面があり、複数の生徒の氏名、学年、貸出日、返却予定日などがはっきりと読み取れるように放送されました。これに対し、学校図書館問題研究会は「図書館の貸出記録は個人の思想・信条につながるセンシティブな情報」であり、本人の同意なく公開することは「読書の自由を脅かす」などと指摘する文書をＮＨＫに送りました。日本図書館協会の「図書館の自由委員会」も同様の指摘をしたといいます。取材に対して、ＮＨＫ・広報局は、「個人の思想信条にも配慮し、放送前に、学校を通じて出来る限りの確認をしています」と回答しています。ただその後、同番組をネット配信しているNHKオンデマンドでは、貸出カードのほとんどにモザイクをかけていて「総合的に判断」したとしています[43]。

今日、貸出方式はすでに述べたように、カード式から次第にコンピューター式へと転換しつつあります。しかしコンピューター式に移行しても、①資料が返却された後の貸出記録はどのように扱われているのか、②貸出記録が図書館外に流出することはないのか、などの懸念が残ります。貸出記録に対するプライバシー性の認識がなければ、貸出方式が変更されても問題は残ることになるのです。

また今日の学校図書館では、日々のカウンター業務（資料の貸出・返却など）が、児童・生徒（図書委員）によって担われている学校が多々あります。ですから図書委員は、委員としての活動を通じて利用者の貸出記録を扱うことになるわけです。それは、カード式、コンピューター式のいかんを問いません。それだけに、図書委員会の担当者（顧問教師など）は、貸出記録がもつプライバシー性を図書委員に伝え、その記録を適切に扱うことは、人権を守ることにも連動していることを指導する必要があります。図書委員は、そうした指導を通じて、プライバシー権の大切さと同時に、人権を守ることは、自分にとっても大切なのだということを改めて知ることになるでしょう。

4　学校図書館とプライバシー――「読書記録」との関連

学校が保有している教育情報

学校図書館の貸出記録に、学校が保有している「教育に関する情報」（以下、教育情報と略記）の一部です。そうした教育情報には、およそ次のようなものがあります。

・学力や成績に関する情報（学力検査結果、各教科の試験結果、学期ごとの成績結果）
・身体や運動能力に関する情報（身体検査・運動能力診断）
・生活環境に関する情報（家族構成など）
・進学や就職に関する情報（進路希望に関する諸調査・試験結果など）
・生活行動やクラブ活動・生徒会活動などに関する情報

こうした教育情報の一部として、学校図書館利用に関する子ども個々人の情報があります。貸出記録、さらには複写申し込み記録、レファレンス記録などがそうした情報です。これらの情報はすべて、子どもが図書館サービスを受けることと引き換えに図書館に提供した情報であり、特定の子どもと特定図書との結び付きを示すプライバシー情報です。その代表となるのが貸出記録です。

貸出記録の目的外利用——「読書記録」への転用との関係

こうした貸出記録がその「目的外」に利用されることも、プライバシー権との関連で論議されてきました。それは、貸出記録の「読書記録」への転用です。

この場合、①「ニューアーク式」のブックカードに記された貸出記録、②「個人カード式」の個人帯出者カードに記された貸出記録、③「コンピューター式」のコンピューターに保存されている貸出記録が、読書記録に転用されるケースが考えられます。ですから本書では、これ以降「貸出記録」という場合には、「ブックカード」「個人カード」「コンピューター」を問わず、これらの媒体に残されている子ども一人ひとりの学校図書館資料の利用記録を指すことにします。

一般的に「読書記録」とは、個々の子どもがどんな本を読んだかについての記録で、個々の子どもの成長・発達を記したものです。それだけに、貸出記録に残された図書名を参考に、子どもの読書の実態（読書量、読書の時期、読書傾向など）を把握し、それを読書指導に役立てようとする考えが旧来から主張されてきました。こうした見解は、学校図書館の概説書にも見ることができます。古い文献ですが、例えば一九七〇年刊行の『学校図書館の活動』には（個人カードを図書館で預かっておくことは）「各人の読書状況の把握ができるので、読書指導の参考になる」とか、「個人カードは、利用者個人についての利用傾向が把握できるため、読書指導の手がかりとなる」[44]という記述があります。また九〇年刊行の『学校図書館通論』にも、貸出記録方式を記述した部分で、個人カードは「児童・生徒の読書記録が個別に記録され、読書指導に役立てることができる」[45]という記述があります。

教育は、子どもの内面の成長と向き合い、その内面に寄り添いながら、子どもの成長を助けるという側面を有しています。そして読書記録は、（読書という行為を通じて）子どもが何を考え、何に悩み、何に感動しているかなど内面の成長・発達の過程を推測できる資料です。そして貸出記録は、「読書の記録性」としての特性を有しているため、読書記録の一つとして捉えられてきました。しかし、その貸出記録は、前述のように利用者たる子どものプライバシーと関わる情報です。ですから、貸出記録を読書記録に利用（転用）する場合は、子どものプライバシーとの関連をどのように理解するかが問われることになります。

私も大学の講義で、「先生は、子どものプライバシー情報をたくさん抱えている」ことを話します。成績はもちろん、家族構成、病気、生活や進路の悩み、ときには生きることへの苦悩など、子どもに関するたくさんの情報を抱えていることを学生に話します。しかし、これらの情報の多くは、保護者や子どもが、教育を受ける際に「先生に知っておいてもらったほうがいい」、あるいは先生が「このことはぜひ知っておかないと教育ができない」という考えのもとに、保護者や子どもから、あるいは教師の問いかけのなかで提供・収集された情報です。これらは、保護者も子どもも、その情報を教師に提供することを了解した情報です。

読書指導で、教師が子どもがどんな本を読んだかを把握し、子どもと本のことを話しながら、その成長・発達を支えることは大切なことです。しかしその際、学校図書館の貸出記録を「読書の記録」として利用し、指導することには困難が伴います。仮に、教師がある子どもに「きみ、○○の本面白かった？　どんな感想？」と聞くとします。そのとき、「なぜ、先生はボク（わたし）がその本を読んだことを知っているのだろう？」と疑問をもつ子どももいるでしょう。そして、その子どもが「先生は学校図書館の貸出記録を見て、ボク（私）が読んだ本のことを知った」と思ったら、子どもは、その先生に心を閉ざす場合も考えられます。なかには（特に小学生の場合）、「自分がどんな本を読んでいるかを先生が覚えていてくれる」と好意的に思う子どももいますが、そうした「好意」は、中学生、高校生になると次第に生じにくくなります。そして、子どもが「先生は、（貸出記録を通して）自分の内面にまで踏み込んだ」という思いを抱いた場合、その事実によって教師に対する不信感を生み出しかねません。読書記録も、その入手方法が適切でなければ、教師と子どもとの間の信頼関係が崩壊してしまう可能性があるのです。

ですから、貸出記録を利用して読書指導をしようとする考えは、再考を求められます。それは、図書館が貸出記録をとる理由を考えるとよくわかります。図書館資料を適切に管理するためです。貸し出された資料は返却日までにきちんと返却されているか、予約者に対応するために資料はいつまでに返却されるのか、などということを確認し、それに基づいた資料管理をするためです。利用者という人を管理するために貸出記録をとっているのではないのです。こうした理由は学校図書館でも何ら異なるところはありません。

また貸出記録と読書記録とは、次の二点でその性質を異にしています。

第一は、子どもは、貸出記録が読書記録として利用されることを想定していません。貸出記録は、前述のように、図書館資料の管理のために、図書館資料を借りることと引き換えに図書館に提供した情報です。利用者が仮に、こうした情報（貸出記録）の提供を不快に思えば、図書館資料を借りることを諦めざるをえません。

第二は、貸出記録は読書記録と同一ではありません。館内での閲覧は記録されないし、個人での本の購入や友達など他者からの借用、そして公共図書館の利用などもここには記録されません。(46)すなわち、貸出記録は個々の子どもの読書記録としては、不正確な記録なのです。

その意味で、貸出記録がもつプライバシー情報としての性格とも合わせて考えるなら、貸出記録を読書記録に「転用」すべきではないのです。それは、前述した情報の目的外利用であり、しかも不正確な情報の目的外利用です。

もちろん、学校図書館は学校の一部であり、学校の「外」（外部）の組織ではありません。そして学校は、「総体」として子どもの教育に当たっています。ですからそれぞれの子どもの個人情報のなかには、個々の教師（学級担任、教科担任など）が把握すべき情報であると同時に、学校「総体」として把握すべき情報もあります。とりわけ今日の厳しい教育状況下（いじめ、自殺、不登校など）では、なおさら個人情報の「総体」としての把握が求められる場合があります。しかし、それは子どものプライバシーに、「いつでも」「どこまでも」介入・詮索することを容認するわけではありません。プライバシーに配慮し、子どもの心に思いをいたし、子どもの家庭に心を寄せる、そうしたことのなかで、情報は「総体」として共有することが認められるのです。そして、そういうなかでだけ、情報は子どもの悩みや困難を解決することに役立つのです。そう思うと、貸出記録は、図書館資料の管理のために図書館が利用者から収集した記録で、資料の管理以外に利用することを想定した記録ではありません。その利用は目的外利用で、子どもの心に、また子どものプライバシーに配慮した利用の仕方ではありません。

貸出記録から見て「心配な読書傾向」がある子どもがいた場合、どうしたらいいのだろうと悩む学校図書館担当者も多いと思います。そのときには、子ども本人と話をし、どんな悩みをもっているかを聞き、もし図書館担当者以外の助力が必要なときは、子どもにその「悩み」を担任などに伝えていいか、あるいはカウンセラーなどに相談したらどうかとアドバイスすることになるでしょう。しかし、こうしたアドバイスにも応じず、「心配な読書傾向」に「人の生命、身体(略)の保護のために必要がある場合」、あるいは「児童の健全な育成の推進のために特に必要がある場合」であって、「本人の同意を得ることが困難である」(個人情報の保護に関する法律第十六条三項二号、三号)場合はどうしたらいいのか、とても悩むところです。

しかし、子どもが「人の生命、身体」「健全な育成に必要」な要件に該当するような場合は、貸出記録から推認する前に、子どもの行動(行動範囲)や交友関係、言葉遣い、学習・成績状況、出欠席状況、発言内容などに、何らかの変化が見られます。その変化は、貸出記録よりもさらに的確に子どもの変化を表しています。普段から、子どもの変化を注意深く見守り、そのときどきに子どもの話を聞き、適切なアドバイスをすることが何よりも大切です。(47)

教師との「信頼関係」論

貸出記録を読書記録として利用するときは、子どもにその目的を明らかにして、子どもの了解を得ておこなうことが求められます。しかし、こうした見解に対しては、「教師と生徒との信頼関係」という立場からの意見が出されてきました。すなわち、学校では教師と生徒との関係は信頼関係を前提にしていて、貸出記録を読書記録に利用することに問題はなく、プライバシーを問題にすること自体が不適切だという見解です。

そこで次に、この点について若干の考察を加えることにします。いうまでもなく、教師と子どもとの間の信頼関係は、教育における基礎です。こうした関係の成立を前提にして、保護者も子どもも、プライバシーにまで及ぶ情報を学校や教師に提供し、子どもの成長を図ろうとするのです。ですから、信頼関係が不成立の状態にあっては、教育は十分な効果を果たしえません。

しかし信頼関係の形成が、（本人の意思とは無関係に）一方の当事者のプライバシーの自動的喪失を意味するわけではありません。わが国では、しばしば甲乙という二人の間の親密な関係を表す言葉に、「胸襟を開く」とか「腹蔵なく」という語がありますが、こうした関係は、甲が乙に対して意見の表明を強要したり、甲が乙に関する情報をこっそりと入手することによっては生まれません。それは、両者の自由な意見交換、人間関係のなかで、自己に関する情報の流出を自己が決定していく（自己情報の統制）なかで生まれるものです。

それだけに、子どもが自己の関知しないところで、貸出記録に対する他者の接近（図書館利用状況調査）を知ったとき、①両者（教師と子ども）の間に築かれた信頼関係は損なわれかねず、②子どもの心の内に、次の図書館利用に対して何らかの自己規制的誘惑を醸成しかねません。先生（友達）に知られてもいい本は借りるがそうでない本は借りない、先生によく思われる本は借りるがそうでない本は借りない、自分の心の内を知られるような本は借りない、などの行動をとることが予想されます。情報は、「評価」基準に適用されるのです。それだけに、貸出記録をそのまま読書記録として利用すべきではありません。それでもなお、貸出記録を読書記録に利用しようとする場合は、事前にそのことを子どもに伝え、了解・納得を得る必要があるのです。

もちろん、図書閲読がプライバシーと深く関わるからといって、学校図書館を利用した読書が教師の介在（指導・助言など）を認めないわけではありません。学校図書館は「学校のなかの図書館」として、その利用に際しても多くの指導・助言が加えられるのは当然です。とりわけ、教科学習と連動して学校図書館が利用され、その一環として図書館資料が利用される場合は、学級（教科）担任や図書館の担当者は、誰が、どんな資料を利用しているかを十分に把握することは重要なことです。そして、そうした資料を把握し次の資料を紹介したり、より適切な資料への転換をアドバイスしたりすることは、学習を効果的に進めるためにも大切なことです。しかし、こうした資料の利用状況の把握は、教授者と被教授者との間の教授・学習過程のなかで、「何を読んだか」を詮索されない自由な環境のもとでなされるべきであり、本人が知らない間に「こっそり」と入手した貸出記録をもとにすべきではないのです。参考のために、次のような方法はいかがでしょうか。

・子どもと向き合いながら、子どもを読書に誘っていこう。
・本のすばらしさを教師自身が知り、そのすばらしさを子どもに語りかけることによって、子どもの読書体験を知っていこう。
・子どもの心に触れ、その悩みや感動に触れ、それにふさわしい本を薦めよう。

・子どもの学習への興味・関心に触れ、その学習にふさわしい資料を薦めよう。
・子どもの学習の進度を注意深く見守り、適切な資料を紹介しよう。

一体に、学校現場では、これまで子どものプライバシー尊重に十分であったとは言い難い側面がありました。そしてその希薄さが、しばしば「信頼関係」という言葉によって語られてきたことを思うと、貸出記録に対する接近もそうした認識とは無関係ではないようです。

「貸出記録」の利用

最後に、「貸出記録」を読書指導以外の目的に利用することについて論じていきます。特に「コンピューター式」の際の貸出記録についてです。公共図書館では「貸出記録は、資料が返却されたらできるだけすみやかに消去しなければならない(48)」とされています。そして、プライバシー保護の観点から見ても、すみやかな消去は望ましいことです。しかし学校図書館の場合、資料の返却後も貸出記録を読書記録以外に利用する学校があります。

その一つは、貸出記録をたくさんの本を読んだ子ども（多読者）を表彰する際の統計資料（データ）として利用する場合です。「多読者」を表彰するには、「誰が何冊読んだか」を把握しなければなりません。多読の表彰のために、その「冊数」を貸出記録をもとに算出しようというものです。こうした考えに対しては、「読んだ冊数の多寡を読書指導に利用すべきではない」「「本は学校図書館を利用するだけではない」ので統計には疑問がある」などの批判的見解もあります。しかし「多読」を是とし、「ベストリーダー賞」を設ける学校（高校、大学など）がネット上で紹介されています。こうした「多読」を前向きに捉える学校にとっては、「データ」が必要になります。そのデータとして貸出記録が利用される場合です。また学級（学年）ごと、あるいは月（年）ごと、学期ごとの貸出冊数を統計資料として全校的に、あるいは職員会議に発表・報告する学校もあります。いずれの場合も、貸出記録から「データ」を算出することになります。

第二は、子どものなかには、「自分がどんな本を読んだか」を忘れてしまい、学校図書館に来て、「ボク（わたし）の読んだ本、何だったっけ」と尋ねてくることがあります。その際、本人の貸出記録が残っていれば、貸出記録をもとに当該の本を子どもに知らせることができます。特に「調べ学習」の際に多くの資料を借りるため、改めてその資料を見たいときに「何だっけ」となることがあります。貸出記録を、本人に対する今後の読書（学習）の資料として提供する場合です。

これら二つのケースでは、貸出記録の利用は認められるのではなく、「冊数」と「特定個人」とが「特定図書」と「特定個人」とが結び付き利用されるのではなく、第一のケースでは、貸出記録が結び付いた利用だからです。しかし、こうした貸出記録から利用統計を作成するときは、利用者個人が特定できないように個人情報から切り離された「データ」を使用することが大切です。第二のケースは、貸出記録が他者に流出するのではなく、貸し出された本人に利用されるからです。

さらに、こうした場合にも注意しなければならないことがあります。資料が返却された後に貸出記録を消去するのが望ましいのは、貸出記録の目的外利用、また他者への流出を防止することによって利用者を守るためです。個人情報の外部流出は、社会的にもしばしば大きな問題になっていて、数年前には教育関連企業からの膨大な数の顧客情報の流出事件も起きています。ですから、学校図書館でも、貸出記録を保存することによって、外部漏洩・流出の危険性が常にあります。また学校図書館は、図書館担当者が「一人」のことが多く、そのため館内に担当者が不在というケースもある環境です。さらに、カウンターの近くには、資料の貸出・返却、レファレンスなどのために、たくさんの子どもたちが集まってきます。そうした環境下に、子どもの貸出記録（プライバシー情報）が保存されているのです。それだけに、貸出記録の「保管と整理」には細心の注意を払う必要があります。ですから、特別の利用目的がないのに貸出記録を保存しておくことは避けるべきなのです。

おわりに

これまで学校図書館は、資料とサービスを通じて、子どもの学びを支援し、育ちに寄り添ってきました。あるいは「心の居場所」として、子どもを見守りながら、子どもの成長・発達を支えてきました。それは学校図書館が、比較的「自由な空間」を保ち続けてきたからだといえます。そしてその自由な空間を保てたのは、「何を読んだか」（内心の形成）を詮索されない自由な環境があったからです。すなわち、プライバシーの尊重です。

それだけに、今後とも貸出方式の問題だけではなく、学校図書館の運営全般に関して、プライバシー権の尊重という視点からこれまでの図書館運営を見直してみる必要があると思います。そのなかで、さらに一層「自由な空間」を築くことができるのです。

注

(1) 山田忠雄/柴田武/酒井憲二/倉持保男/山田明雄編『新明解国語辞典 第六版』三省堂、二〇〇五年、一〇九六、七四五ページ

(2) 「在監者」とは、旧監獄法(一九〇八年〔明治四十一年〕制定)での「監獄」に拘禁された者のことである。その旧監獄法は改正され、監獄は「刑事施設」と改称され、それに伴って在監者は「刑事施設の被収容者」と称されることになった。

(3) 広島高裁(一九七三年五月二十九日)、判例時報社編「判例時報」第七百十五号、判例時報社、一九七三年、三九ページ

(4) 鹿児島地裁(一九七四年五月三十一日)、法務省訟務局編「訟務月報」第二十巻第九号、法務省訟務局、一九七四年、一〇三ページ

(5) 前掲『憲法学教室 第三版』一三一ページ

(6) 同書一三四ページ

(7) 同書一三六ページ

(8) 埼玉県立浦和図書館編『埼玉県立浦和図書館50年誌』埼玉県立浦和図書館、一九七二年、一四八ページ

(9) 弘前市立弘前図書館『弘前図書館六十年の歩み』弘前市立弘前図書館、一九六六年、八二ページ。

『若い人』は石坂洋次郎の長篇小説で、当時の女学校を舞台に書かれている。「三田文学」に連載された石坂の代表作である（三田文学賞受賞）。
(10) 前掲『広辞苑 第七版』二五八八ページ
(11) 佐藤幸治『憲法 新版』（「現代法律学講座」第五巻）、青林書院、一九九〇年、四〇二ページ
(12) 野村恵造編『コアレックス英和辞典』旺文社、二〇〇六年、一二六九ページ
(13) 「法律時報」第三十一巻第六号、日本評論新社、一九五九年
(14) 和田英夫「国家権力とプライヴァシー——その公法的側面」、同誌四—一一ページ。なお同誌では、「プライヴァシーの法理——官憲とマスメディアの侵害を中心に」という特集を組んでいて、和田論文はその巻頭論文である。
(15) このS・D・ウォレン／L・D・ブランダイス「プライヴァシーの権利」は、日本評論新社編「法律時報」第三十一巻第六号・第三十一巻第七号（日本評論新社、一九五九年）に外間寛訳で掲載されている。
(16) 伊藤正己『プライバシーの権利』岩波書店、一九六三年、三〇ページ
(17) 同書三二ページ。なお、L・D・ブランダイスは、のちにアメリカ合衆国最高裁判所判事となり、ホームズとならんで進歩的自由派の判事として多くの名判決を残している（鵜飼信成『憲法と裁判官——自由の証人たち』〔岩波新書〕、岩波書店、一九六〇年、戒能通孝『裁判』〔岩波新書〕、岩波書店、一九五一年）。
(18) 前掲「プライヴァシーの権利」一九ページ
(19) 東京地裁（一九六四年九月二十八日）、判例時報社編「判例時報」第三百八十五号、判例時報社、一二ページ

（20）同誌二九ページ
（21）前掲『憲法 新版』四〇八ページ
（22）総務省「平成29年版 情報通信白書」（http://www.soumu.go.jp/johotsusintokei/whitepaper/ja/h29/pdf/n2200000.pdf）［二〇一八年二月十四日アクセス］
（23）広松邦子／鈴木紀代子／柿沼隆志「学校図書館における図書館の自由の問題」、日本図書館協会編「現代の図書館」第十三巻第四号、日本図書館協会、一九七五年、一四〇ページ。なお、この期以前の学校図書館のプライバシーについては、山口真也「戦後学校図書館文献にみるプライバシー意識――昭和20年代～昭和30年代を中心に」（沖縄国際大学総合文化学部編「沖縄国際大学日本語日本文学研究」第八巻第一号、沖縄国際大学総合文化学部、二〇〇三年）の労作がある。
（24）前川恒雄編『貸出しと閲覧』（「図書館の仕事」第十三巻）、日本図書館協会、一九六六年、九〇ページ
（25）日本図書館協会編『市民の図書館 増補版』日本図書館協会、一九七六年、五三ページ
（26）塩見昇『教育としての学校図書館――学ぶことの喜びと読む自由の保障のために』（青木教育叢書）、青木書店、一九八三年、二四〇ページ
（27）渡辺重夫「個人情報の保護と学校図書館2――プライバシー権と結びつけて」、全国学校図書館協議会編「学校図書館」第四百九十二号、全国学校図書館協議会、一九九一年、六九ページ
（28）喜多明人「子どもの権利条約と学校図書館」、全国学校図書館協議会編「学校図書館」第五百二号、全国学校図書館協議会、一九九二年、五一―五六ページ、塩見昇「子どもの権利条約・プライバシー権の波をかぶる学校図書館」、日本図書館協会編「現代の図書館」第二十九巻第四号、日本図書館協会、一九九一年、二〇九―二一五ページ

(29) 濱野美由貴「神奈川県個人情報保護条例と学校図書館における読書の自由」、日本図書館協会「図書館雑誌」第八十六巻第二号、日本図書館協会、一九九二年、一〇五ページ。なお、同条例第六条は二〇一七年に改正され（二〇一八年一月一日施行）、「個人情報」が「要配慮個人情報」となり、「信条」を含む十一項目に変更された。
(30) 前掲「図書館の自由に関する宣言」（一九七九年改訂）
(31) 日本図書館協会図書館の自由委員会編『「図書館の自由に関する宣言一九七九年改訂」解説 第二版』日本図書館協会、二〇〇四年、三五ページ
(32) 同書三五ページ
(33) 東京地裁判決（一九九九年六月二十二日）、判例時報社編「判例時報」第千六百九十一号、判例時報社、二〇〇〇年、九一ページ
(34) 東京高裁判決（二〇〇一年二月十五日）、判例時報社編「判例時報」第千七百四十一号、判例時報社、二〇〇一年、六八ページ
(35) 最高裁判決（一九六九年十二月二十四日）、判例時報社編「判例時報」第五百七十七号、判例時報社、一九七〇年、一八ページ
(36)「京都府学連事件」の最高裁判決は、こうしたデモ行進参加者の写真撮影について、「現に犯罪が行なわれもしくは行なわれたのち間がないと認められる場合であつて、しかも証拠保全の必要性および緊急性があり、かつその撮影が一般的に許容される限度をこえない相当な方法をもって行なわれるとき」は、「本人の同意がなく、また裁判官の令状がなくても、警察官による個人の容ぼう等の撮影が許容され」、「憲法一三条、三五条に違反しないものと解すべきである」と判示している。
(37) 最高裁判決（一九八一年四月十四日）、判例時報社編「判例時報」第千一号、判例時報社、一九八

一年、三ページ

(38) 個人の尊厳、プライバシーの権利と関連し、次のような判決がある。「他人がみだりに個人の私的事項についての情報を取得することを許さず、また、他人が自己の知っている個人の私的事柄をみだりに第三者へ公表したり、利用することを許さず、もって人格的自律ないし私生活上の平穏を維持するという利益（以下、「プライバシーの権利」という。）は、充分尊重されるべきである」。ノンフィクション『逆転』訴訟第一審判決（東京地裁、一九八七年十一月二十日）である（判例時報社編「判例時報」第千二百五十八号、判例時報社、一九八八年、二二ページ）。この訴訟は、沖縄で一九六四年に起きたアメリカ兵死傷事件の陪審裁判を、被告が仮出獄後も実名入り（前科公表）で描いたノンフィクション『逆転――アメリカ支配下・沖縄の陪審裁判』（伊佐千尋、新潮社、一九七七年）をめぐり、表現の自由とプライバシー保護の関係などが争われた。この事件の最高裁判決は、一、二審判決を支持した。

(39) 文部科学省「平成28年度「学校図書館の現状に関する調査」結果について」(http://www.mext.go.jp/a_menu/shotou/dokusho/link/__icsFiles/afieldfile/2016/10/13/1378073_01.pdf)［二〇一六年十月十三日］［二〇一八年二月十四日アクセス］

(40) 平井むつみ「学校図書館活動」、「新学校図書館学」編集委員会編『学校経営と学校図書館』（「新学校図書館学」第一巻）所収、全国学校図書館協議会、二〇〇六年、一四一ページ

(41) 浅井昭治「読書材の選択と提供」、志村尚夫／天道佐津子監修、天道佐津子編著『読書と豊かな人間性の育成』（「学校図書館図解・演習シリーズ」第五巻）所収、青弓社、二〇〇五年、一七〇ページ

(42)「神戸新聞」二〇一五年十月五日付、「朝日新聞」二〇一五年十二月一日付。この報道を調査した日本図書館協会図書館の自由委員会は、「何を読んだか、何に興味があるかは「内面の自由」として尊

重されることが民主主義の基本原則（略）、利用者の読書事実は、図書館が職務上知りえた秘密であって、図書館は適切に管理しなければならない。また、個人情報保護法制上からも、（略）本人同意なしの第三者提供は認められない」とし、「神戸高校が旧蔵書を廃棄する際、利用者の読書事実を示す図書カードを適切に処分すべきであったと考える」としている（日本図書館協会図書館の自由委員会「神戸高校旧蔵書貸出記録流出について（調査報告）」二〇一五年十一月三十日〔http://www.jla.or.jp/portals/0/html/jiyu/toshocard2015.html〕［二〇一八年二月十四日アクセス］）。

(43)「朝日新聞」二〇一八年五月二十三日付

(44) 平賀増美「資料の提供」、阪本一郎監修、室伏武編『学校図書館の活動』（「講座現代学校図書館」第七巻）所収、岩崎書店、一九七〇年、二六―二七ページ

(45) 武田元次郎「学校図書館の利用サービス」、古賀節子編著『学校図書館通論』所収、樹村房、一九九〇年、一〇三ページ

(46) 同旨の指摘に、前島重方／佐野友彦「学校図書館の活動」（学校図書館学編集委員会編『学校図書館の原理と運営』〔「学校図書館学」第一巻〕所収、全国学校図書館協議会、一九八五年）九九ページ。

(47)「心配な読書傾向」について、次の論文が詳細な説明をしている。山口真也「学校図書館と個人情報保護――読書記録の望ましい取り扱いを中心に」二〇〇五年度那覇学校図書館司書研究会配布資料〔http://www.okiu.ac.jp/sogobunka/nihonbunka/syamaguchi/sishokenrejume.pdf〕［二〇一八年二月十四日アクセス］

(48) 日本図書館協会「貸出業務へのコンピューター導入に伴う個人情報の保護に関する基準」（一九八四年総会採択）、前掲『「図書館の自由に関する宣言一九七九年改訂」解説 第二版』所収、四八―四九ページ

第3章　学校図書館とレファレンスサービス
——子どもの「知りたい」に応えたい

1　図書館資源の社会的共有——レファレンスサービスの重要性

様々な「情報源」

「情けは人のためならず」とはどういう意味なの？」「縄文式土器の文様にはどんなものがあるの？」「北半球に広がっている永久凍土はどうしてできるの？」「割烹着を着るようになったのはいつからなの？」「この本、どこの図書館にあるの？」

子どもは、学びや生活のなかで様々な疑問や課題にぶつかり、その解決（回答）を求めます。そうしたときの最も手軽な解決方法は、友人・知人・家族など身近な「人」に聞くことです。「どうしてなの？」「これなあに？」、誰もが幼いころに多くの疑問を抱き、その答えを求めて親や家族に聞いたあの手法です。人に聞くという方法は、疑問や課題を解決する古典的・普遍的方法であり、人は最も身近で手軽な情報源です。

しかし子どもの疑問が、こうした身近な記憶をもとにした「人」という情報源だけで解決できるわけではありません。学習内容の拡大・深化、生活範囲の広がりに伴い、人という情報源は、質や量、さらには正確さにおいて限界があります。子どもの質問に対して、「お父（母）さん、わからないな」「辞典か図鑑で調べてみようか」という経験をもつ両親もたくさんいることでしょう。それだけに、疑問や課題の解決には、身近な人以外の情報源が必要になってきます。

もちろん、体系的な学校教育は、基礎的・基本的な情報を提供する意味で、最も重要な情報源です。しかし、自然現象も政治的・社会的営みも、そして文化的作用も、さらには人工的化合物でさえも、ときには疑問や課題を解決する情報源です。そのなかでも、様々な物理的実体に記号を用いて記録された情報源（記録メディア）は、他の情報源にはない優れた特性があります。その代表が、文字や数字、図表などの記号を記した図書（本・書物）です。図書は「人類の記憶を保存する一種の社会的メカニズム」[1]であり、図書を通じて、私たちは、「縦軸の世界」（歴史）にも「横軸の世界」（現代）にも近づくことができるのです。

しかし今日、その記録メディア（情報源）は図書に限らず、音声、映像、さらにデジタル方式にまで広がり、質も量も多彩です。そのため「知りたい、見たい、聞きたい」ことの多くは、こうしたメディアを利用することによって解決へと向かっていきます。記録化された情報源は、疑問を解き明かすカギであり、疑問を解決に導く媒体です。

しかし、こうしたメディアを利用して「知りたい」ことを知るには、一定の技術が必要です。メディアには、メディアごとの特質があり、その特質を知らなければ、メディアを駆使できません。本というメディアを利用するには、読み・書きの力が必要であり、コンピューターというメディアを使うには、コンピューターの利用方法を知らなければなりません。いわば、メディアを利用するには、各メディアに対応したある種の技術が必要です。その技術はしばしば情報リテラシーの一部をなしていますが、こうしたリテラシーは、習得に個人差があり、ある情報は自分のリテラシーで検索できても、ある情報の検索には及ばないこともあります。

知るためには「技術」が必要——図書館を例に

こうしたことを、図書館を例に考えてみましょう。今日の図書館は、収集・保存した資料を地域住民に提供することによって、住民の知る権利を保障する、知識や情報の社会的保障装置です。図書館資料は、地域住民が共有する知的資源であり、その資源の実質的な利用も地域住民に共有、還元されなければなりません。

その図書館資料は膨大です。日本図書館協会の統計によると、わが国の公共図書館の蔵書冊数は、人口百人あたり平均は三百四十四・三冊(2)、人口十万人に換算すると三十四万三千冊です。図書館は「本の海」です。図書館を利用することは、その「海」から求める一冊を検索することです。それは容易なことではありません。そのため、図書館利用には一定のリテラシーが求められます。例えば、分類や配架、サインなどの知識です。

しかし図書館資料が、そうしたリテラシーを習得した人の独占物になるのでは、知識や情報の社会的保障装置としての図書館は、その存在意義を失ってしまいます。自らのリテラシーで図書館資料を検索できない利用者に対しては、図書館側が支援・援助をおこなうことによって、資源の実質的共有を図る必要があります。情報を求める利用者に対しておこなわれるレファレンスサービス（reference service）は、こうした図書館資料の社会的共有を図る有力な方法です。

それは、学校図書館も同様です。「知りたい」ことがありながら、その情報を見つけ出せない子どもはたくさんいます。学習のなかで生じた課題や疑問を学校図書館資料を利用して解決したいと思っても、できない子どもがたくさんいます。いや、そうした課題や疑問を、学校図書館で解決しようとは思わない、解決できるとは思わない子どももたくさんいます。学校図書館と疑問の解決とが直接的に結び付かない子どもたちです。このような状況は、学校図書館が、学校教育に「欠くことのできない」（学校図書館法第一条）教育環境であることを思うととても残念です。それだけに、学校図書館は、子どもたちに、学校図書館資料の共有化を図る方途を考えなければなりません。

そのためには、何よりも子どもが情報検索技術（リテラシー）を習得するための指導、つまり「学び方の学び」の指導が必要です。同時に、子どもたちの「知りたい」要求に、学校図書館は資料とサービスを通して、丁寧に応えることが重要になってきます。その一つの方法が、学校図書館でのレファレンスサービスです。このサービスによって、子どもは学習の課題を解決し、自分の興味・関心を一層高めることができるのです。それは同時に、本書第１章で論じた子どもの「成長・発達」の権利（学習権）を充足することでもあります。本章では、こうした問題意識のもとに、学校図書館でのレファレンスサービスについて論じていきます。

2 「調べる」図書館像の希薄さ

学校図書館機能の発揮が不十分

私は現在、大学で学校図書館司書教諭・図書館司書の資格取得を目指している学生に講義をしています。そうしたこともあり、学校図書館に様々な思いをめぐらせてきました。そうした思いの一つが、学校図書館を軸として、子どもは「情報」とどう向き合うかという課題です。

いうまでもなく学校図書館は、学問・文学・芸術など、人類の知的遺産としての情報、政治・経済分野をも含む最新の情報、余暇を楽しみ日々の生活に潤いを与えるレクリエーション的性質をもつ情報など、様々な情報（資料）を収集・管理・整理しています。そしてそれらの資料の提供を通じて、学校図書館は子どもと向き合いながら、子どもの学びと育ちを支援する「学校教育において欠くことのできない」（学校図書館法第一条）教育環境です。

しかし、講義を通じて聞く学生の小・中・高校時代の学校図書館の利用状況は、「読む」本の利用体験の豊かさに比して「調べる」本の利用体験の貧しさです。小説・物語などの利用は多いが、各種の事典（辞典）・図鑑・年鑑などに代表される調べるための資料の利用が少ないのです。「国語や社会、総合学習の時間に図書館を利用した、その際に辞典（事典）や図鑑を使った」「図書館に行って調べものをした。そのときに統計書や年鑑を利用した」という体験を語る学生はいますが、利用頻度は年間で数回ほどの場合が大半です。

学校図書館の目的の一つは、「児童又は生徒の健全な教養を育成する」（学校図書館法第二条）ことですから、子どもが図書館資料を利用して様々な情報に触れ、多様な人間の生き方や考え方に接しながら、自己の思想形成を図り、人格を形成することは、学校図書館の目的そのものです。また学校図書館は、「教育課程の展開に寄与する」という固有の目的をも有しています（同条）。平たくいえば、学校図書館は、各教科の授業や教科外活動の展開に図書館資料が日常的に利用され、各教科などの展開を支えるという役割を担っています。学習センター、資料センターとしての役割です。もちろん読む本も、そうした展開に役立つ重要な資料ですが、調べるという行為とそれを担保する調べる資料の存在は、教科教育を中心とした「教育課程の展開」には不可欠の要件です。しかしこの「教育課程の展開に寄与する」という目的は、学生の図書館利用体験を聞くかぎり十分果たされているとは思えません。学習のなかで生じた疑問を解決し、興味を発展させていく場としての学校図書館機能の発揮は不十分で、子どもの内発的な学習の動機に有効に対応していないのです。

「調べる」図書館像の希薄さ、その要因は

①「知識を教え込む教育」

「調べる」図書館として活用されていない状況の要因は多岐にわたっています。第一の要因は、わが国の教育の教授・学習方法と深く関わっています。すなわち、「知識を教え込む」という教授・学習方法です。教科書に書かれた学習内容を、教師の解説（指導）をもとに覚えることが主流の教

育にあっては、疑問や課題について資料を利用して調べるという営みは疎遠になり、学校図書館機能はそれほど必要でなくなります。「黒板とチョーク」「教科書とノート」が、そうした機能に取って代わるのです。

こうした教育では、「問い」は教授者から提示され、「答え」は被教授者の脳裏への記憶が求められるのです。ですから、こうした学習では、「問い」は記憶の呼び戻しの対象として存在し、「答え」はその呼び戻しが正か否かの判断基準として存在するのです。問も答も教える側の手のなかにある、「問いと答えの一直線」です。

しかし、こうした教育からの脱却は、わが国の教育が抱えてきた長年の課題です。いまから二十年前、一九九八年に出された教育課程審議会答申には、次のような指摘がありました。

これからの学校教育においては、これまでの知識を一方的に教え込むことになりがちであった教育から、自ら学び自ら考える教育へと、その基調の転換を図り、子どもたちの個性を生かしながら、学び方や問題解決などの能力の育成を重視するとともに、実生活との関連を図った体験的な学習や問題解決的な学習にじっくりとゆとりをもって取り組むことが必要であると考えた。

（略）

我々は、自ら学ぶ意欲や思考力・判断力・表現力などの資質や能力の育成を重視するこれからの学校教育においては、従来のような知識を教え込むような授業の在り方を改め、子どもたちが自分で考え、自分の考えをもち、それを自分の言葉で表現することができるような力の育成を重視した指導を一層進めていく必要があると考えた。[3]

ここでいわれているのは、「知識を一方的に教え込む」教育からの転換、「知識を教え込むような授業の在り方」の改善です。この答申が指摘している「知識を教え込む教育」からの転換は、実は学校図書館の存立に関わることでもあります。学校図書館の基本を定めた学校図書館法は、戦後八年目の一九五三年に議員立法として提出され成立しましたが、その法案審議の際に提案者（議員）が述べた提案理由（補足説明）に、次のような一節があります。

学校教育におきましては、まず第一に、教育の指導理念が、児童生徒の個性を重んじ、その自発的学習の啓発育成にあることは申すまでもありません。この指導理念に従いますれば、又、指導方法におきましても、従来の画一的詰込式教授法によらずして、児童生徒の自発的学習形態が採られなければならぬことは、当然なことであります。[4]

こうした「画一的詰込式教授法」の転換のための「不可欠」な教育環境として、学校図書館が誕生したのです。学校図書館には、旧来の教授・学習方法の改革、「知識を教え込む教育」からの脱却が期待されているのです。

その背後には、戦前の国定教科書に代表される教育が、知識の一方的な注入によって、子どもの思考を画一化し、個性や自主性を喪失させてしまったことへの反省があります。その一方的な知識の注入による批判的精神の欠如が、あの「無謀な戦争」を生み出した要因でもあったのです(5)。

しかし、それにもかかわらず、「知識を教え込む教育」からの転換には長い時間が必要だったようです。知識は「与えられるもの」として存在し、「見つけ出す、獲得する」という対象にはなりにくかったのです。そしてその背後には、知識の記憶を問うことに中心が置かれた大学を頂点とした入学試験の存在が横たわっています。そうした教授・学習スタイルでは、調べる機能としての学校図書館が登場する余地は限られていました。

②図書館資料の不備

第二の要因は、図書館資料の不備です。図書館資料の不備は、図書館の調べる機能を失わせる大きな要因です。調べたくてもその疑問を解決する資料がない学校図書館は、「教育課程の展開」に寄与する意義を失っているといっても過言ではありません。そうした図書館を前にしたとき、教師も生徒も図書館を「あて」にしようという気持ちを失っていくのは当然のことです。これは図書館担当者（司書教諭や学校司書など）にとっても残念なことです。課題を解決しようと来館した子どもに、「残念ながら、その課題を調べる資料はこの図書館にはないの」と言わざるをえないのは、担当者にとっては断腸の思いではないでしょうか。そして、こうしたことが二度三度と続くと、子どもは図書館を「あて」にしなくなります。イギリスの図書館学者ドナルド・アーカートは、著書『図書館業務の基本原則』のなかで、次のように述べています（要旨）。

潜在的な利用者が図書館に何かを期待していったにもかかわらず、その期待を満足させることができずに帰ってしまうことがあまりにも頻繁にある。さらにまた図書館が、その利用者の期待を裏切ったとか、失敗だったとかに気づいていないこともよくある。（しかし、図書館員が知っておかなければならないことは）問題はそこで終わらないということである。利用者が望んでいるものを得ることができなければ、図書館サービスの将来の利用に影響する。すなわち、このようなことが続くなら、潜在的利用者を非利用者にしてしまうのである。(6)

図書館への不満足が、「潜在的利用者を非利用者にしてしまう」という指摘は想像に難くありません。調べるための資料が不足している図書館は、子どもを図書館の「非利用者」にしてしまうかもしれないのです。

文部省（当時）は、「学校図書館図書整備計画」（一九九三年）を立てて学校図書館図書の充実を図ってきましたが、文部科学省の調査によると、その達成率は、整備計画設定後、約二十年余り（二〇一五年末）を経ても、小学校：六六・四％、中学校：五五・三％です。(7)図書整備に当てられた地方交付税の約半数弱が、実際には学校図書館資料の整備には回っていないのです。この達成率の低さは、調べることを目的とした学校図書館資料の不備にも直結しています。

また資料の「古さ」も、調べる機能を低下させる大きな要因です。先の文部科学省の調査によると、調べる資料としての代表である百科事典や図鑑は、校種を問わずほぼ百％配備されていますが、刊行後の経年数十年以上の学校は、小学校：五五・三％、中学校：六二・六％、高等学校：八六・六％です。それに比して、三年未満は、小学校：九・七％、中学校：七・三％、高等学校：二・〇％となっています。十年を経ても情報の妥当性・信頼性に問題がない場合もありますが、新しい事柄についてはは経年とともにその記述に不正確さが生じることは否めません。

しかし、こうした事情の背後には出版状況の影響があることも事実です。特に高等学校で整備対象となる大型の百科事典（『世界大百科事典』平凡社）の最新（改訂新版）の刊行は二〇〇七年です。またもう一冊の百科事典（『大日本百科事典』小学館）の改訂新版の刊行は一九八〇年です。新しい情報が載った事典を整備したくても、できないのです。概して、学校現場に適した調べる図書（レファレンスブック）の出版・流通状況は決してよくありません。こうした状況は、調べることを軽視してきたこれまでの学校教育のあり方とも深く関わっています。教育現場からの「需要」が少ない図書の「供給」が少なくなるのは当然の結果です。

しかし学校図書館資料の「古さ」は、こうした百科事典や図鑑のケースにとどまりません。調べる資料の古さは、多くの学校図書館に共通の悩みです。二十年以上前に出版された資料が、そのまま調べる資料として所蔵されている学校図書館は多数あります。「先生、これらの資料を子どもに薦めますか？」「先生、これらの資料を他の先生に教材として利用することを勧めますか？」、そして「先生自身がこの資料を教材として使用しますか？」。私は居住地で学校図書館アドバイザー（教育委員会委嘱）をしていましたが、これらはアドバイザーとして学校を訪問した際に司書教諭に尋ねたことです。その答えは、いずれも「ノー」です。資料が古いのです。司書教諭も薦めない、自分も利用しない古い資料が、他の先生や子どもが利用するとは思えません。

こうした状況を生み出す要因は、（出版状況だけではなく）資料費の少なさにもあります。新しい資料をそろえたくても、そのための予算が少ないのです。資料費の少なさは、学校図書館が変わろうとしても変わりにくい大きな要因をなしています。前述した「学校図書館図書整備計画」が、少しでもその目的に合致しながら進むことが重要なことだと思います。

③「人」の認識

第三の要因は、「人」の問題と関わることです。それは、学校図書館担当者が、学校図書館機能をどれだけ理解しているかという問題です。もしも担当者が、「学校図書館は「読書」機能を果たしていれば十分だ」という学校図書館観を有していたとすると、学校図書館は子どもの「知りたい」要求への対応に消極的になりがちです。そのため、子どもは学校図書館が「学び」の場だという思いを抱くことはできません。なぜなら、子どもは最初から「学校図書館は学びを支える学習環境だ」「調べることができる学習環境だ」という思いをもっているわけではないからです。そうした思いは、学校図書館を利用するなかで経験的に抱いていくのです。

ですから、子どもの学校図書館像は、子ども一人ひとりのそれまでの図書館利用体験と深く関わっています。教科担任（学級担任）が、学校図書館を利用する授業を展開した経験を多くもつ子どもは、図書館の「力」を実感することができます。また学校図書館資料を様々な場面で紹介され、利用した経験がある子どもは、「図書館の素晴らしさ」を知ることになります。そして図書館担当者から適切な助言やサービスを得た子どもは、「図書館はすごい！」という思いを抱くことができるのです。そうした実践のなかで子どもは、学校図書館は、疑問や課題を調べることができる学習環境だと思うのです。「人」の学校図書館に対する認識は、学校図書館を変える要因であり、「教育課程の展開」に寄与する学校図書館を創り上げていく大きな要因でもあるのです。

④「調べる」技法の習得の不十分さ

しかし、学生の利用体験を聞くたびに、学校図書館を「調べる」機能として利用した体験が乏しい理由には、図書館資料を情報として把握し、その情報群のなかから自己に必要な情報を入手するという情報検索方法の学習経験が乏しいことがあるようです。換言すれば、図書館資料が、学習に必要な情報に転化しうる「道筋」を、これまで自己の学習の回路に取り込んでこなかったといえます。知識や情報への要求があり、疑問の解決を求めながらも、その「道筋」を学んでこなかったのです。そうした学習経験の不足が、図書館を調べる機能をもった教育環境として認識することを希薄にさせ、ひいては情報に対する能動的態度を失わせてきた要因の一つになっているのです。

しかし、こうした事態を放置することは、学校図書館の存在価値を失わせることにもつながります。何とかして、子どものなかに湧き起こる「知」や「興味」に、子ども自らが立ち向かえる方法を身に付けさせることはできないものだろうか。こうした思いから、大学の講義で私がおこなった一つの実践が、調べる本としての参考図書を利用した「レファレンス演習」でした。

「レファレンス（reference）」（名詞形）の本来の意味は、参照、照会、参考などです。その動詞形は「refer」で、参照する、問い合わせる、照会する、などの意味があります。[8] こうした用語が図書館で使用されるときには、図書館サービスの一つとしての「レファレンスサービス」として登場します。何らかの情報、あるいは情報源などに対する要求をもっている利用者に対し、その求めに応じて図書館員が必要な情報や情報源などを提供することによって利用者を支援する人的サービスです。このサービスは、図書館法にも「図書館奉仕」の事例として、「図書館の職員が図書館資料について十分な知識を持ち、その利用のための相談に応ずるようにすること」（第三条三号）と規定されている業務です。その意味で、レファレンスサービスは図書館の日常的業務の一つであり、図書館員にはそうしたサービスに対応する能力（レファレンス力）が求められています。

ですから、私が実践した「レファレンス演習」は、学生自身が図書館員の立場に立ち、利用者からのレファレンス要求（私が提示した演習題）に応じて、図書館資料のなかから必要な情報（情報源）を検索する、というものです。要求に応じた「回答」を検索する実践的な内容ですが、この演習を通じて、学生（特に教職を目指す学生）が情報検索の技法（レファレンス能力）を修得し、それぞれの学生が教員になったとき、子どもたちにその技法を指導し、次には子どもたち自身がその技法をもとに、求める情報を自ら検索できるようになる（レファレンス能力を身に付ける）ことを目的に始めた演習です。

3　レファレンス演習を通じて

レファレンス演習の実践

「学び」とは、多くの言葉や事柄と向き合う過程です。その過程で、しばしば理解困難な言葉や事柄にぶつかります。特に言葉は、使われる場面や脈略によって意味を変化させ、同一の言葉でも意味が異なることが多々あります。それだけに、言葉の意味を正確に知ることは学びにとって重要なことです。いわば学びは、一つひとつの言葉や事柄の意味を正確に読み取ることによって営まれていくものです。その言葉や事柄などを正確に知るには、調べるための資料が不可欠です。その資料を通して、言葉や事柄などの意味・内容を知り、それが次の学びへとつながっていきます。それだけに、調べるための資料は学びを支援する重要な媒体です。

調べることを目的に編集された資料が、レファレンスブック（reference book、参考図書）と称される一群の資料です。国語辞典や漢和辞典・古語辞典、対訳辞典（英和辞典、和英辞典など）などの辞典をはじめ、百科事典や人名・地名・歴史などに関する専門事典といった事典類、動物・植物などの図鑑、年鑑、地図帳、統計書、書誌など、調べることを目的にした資料はたくさんあります。こうしたレファレンスブックを利用して、学習者自身が求める情報を検索することができれば、学習方法も受動的な態度・方法から能動的な態度・方法へと転換することが可能になります。求める情報を「自分の手」のなかに収めることができるのです。こうした調べ方（情報検索）の技術（リテラシー）を習得するためにおこなったのが「レファレンス演習」でした。

しかし、演習題をそのまま提示しても、学生は戸惑うだけです。かつて大学の講義で、高校時代に教師から「図書館で調べものをするように」と指示された学生が、「図書館に放り込まれた」という感想を述べたことがあります。事前に調べ方の指導を受けていないからです。「放り込まれた」学生は、館内をあちこち回り、何冊かの資料を手に取りますが、調べられずに終わることが多々あります。指導者の「不作為」は子どもに困惑をもたらし、学び手側を変えることができない、これはその一例といえるでしょう。

特にレファレンスブックは、他の資料（図書）と大きく異なった編集方式を採用しています。他の資料のように「通読」する編集方式ではありません。求める情報を容易かつ迅速に検索できるよう、特定情報（項目）が一定の約束に基づいて配列されています。五十音順、ＡＢＣ順などがその代表で、その他にも年代順（年表）、地域順（地図帳など）、さらには特定の主題順に基づくものなどがあります。レファレンスブックを効果的に利用するには、レファレンスブックのこうした特性を理解する必要があります。そこで、「レファレンス演習題」をおこなう前に、提示する演習題とは別個の演習題を例にして、次のような解説をおこないました。

・どんな演習題（課題）には、どのようなレファレンスブックを利用することが適切なのか、辞典なのか事典（百科事典、専門事典）なのか、さらには統計書なのか年鑑なのかなどを個々の演習題に即して解説する。

・また適切なレファレンスブックを手に取っても、必ずしも回答にたどり着けるとはかぎらない。個々のレファレンスブック固有の利用方法を理解する必要がある。例えば、五十音（あるいはABC）順に引くのが適切なのか、目次から引くのか索引から引くのかなど、個々のレファレンスブックの特質、さらに演習題の特質に応じて、その利用法に関する解説をする。

こうした解説は、実物のレファレンスブックそのものを提示しておこなうことが何よりも効果的です。そのため演習に入る前に、大学図書館から約百冊のレファレンスブックを一時的に借りて、教室で解説を加えました。この解説によって、学生は、言葉、事柄だけでなく、時事的事項、統計、新語、書誌的事項など、各分野に適切なレファレンスブックがあることを知り、その利用法を理解できるようになるのです。

レファレンス演習題の特徴

演習題は、次のような特徴をもっています。

・各人に一人六問の演習題を与える。全員の問題はそれぞれ異なっている。

・演習題は、多様なレファレンスブックの利用を促すことを考慮して、書誌的事項、言葉に関する事項、事柄（歴史・地理・自然・人物・社会など）に関する事項、時事的事項など、多岐に及んでいる。

そして調べるのに際し、次のような指示を与えました。

・どの演習題も、大学図書館を利用して回答を求めることができる。しかし回答を得るには、レフアレンスブックだけを利用するのではなく、広く一般書にも当たってみる。また回答を得る過程で、友人と相談しながら、資料を検索してもいい。

・各問につき、回答が掲載されている資料名、出版社、出版年、および当該情報（情報源）が記載されているページを記し、最後に回答を記述すること。回答が長文の場合は、最初の部分または概要を記すこと。

・回答が掲載された資料（出典）に、同一演習題について極力二点（冊）検索すること。

・回答を得ることができなかったときは、そこにいたるまでに利用した資料名をすべて記すこと。

・回答を得るための手がかりとしてネットを利用してもいいが、最後の回答は、紙媒体としての図書館資料を使用すること。

・最後に、一人一問を全員の前で、検索過程と回答を発表すること。

　こうした説明を経て演習に入った学生は、普段の授業とは違う学習に興味と困惑が交錯しながらも、真剣に課題に取り組み始めました。次に、そうした演習題のいくつかを紹介します。受講学生は、多いときで五十人を超えていましたので、用意した演習題は三百題を超えています。これはそのなかの数例です。

・「恋は盲目である」とは誰の言葉で、いつごろから使われていたのかを知りたい。

・「金平糖」は外来語らしいが、どこの国の言葉がもとになっているか。また、この言葉がわが国の文献に現れたのはいつごろかを知りたい。

・「ほととぎす」を漢字でどう書くか。また歌舞伎脚本『曾我綉侠御所染《そがもようたてしのごしょぞめ》』では、「ほととぎす」にどんな漢字が当てられているか。さらにこの脚本が所蔵されている図書館を知りたい。
・かつての首相が、自分に対する反対意見を「曲学阿世」論と評したそうだが、その発端は何か。また「曲学阿世」の意味と典拠文献も知りたい。
・「瑞牆山」「巻機山」「皇海山」「開聞岳」は、いずれも『日本百名山』(深田久弥)に載っている山である。その読み方とどんな山なのかを知りたい。また「開聞岳」は、終戦間近の「神風特攻隊」と関連があるそうだが、その関連についても知りたい。
・幸徳秋水は、「万潮報」に「エミール・ゾラの死を悼む」という文章を書いている。その文章が載っている新聞記事を見たい。
・新潮文庫の一冊『沈黙の春』は、別の書名で出版されていたそうだが、何という書名で、いつ出版されたかを知りたい。
・葛飾北斎が描いた『東海道程ケ谷』という作品を画集などで見たい。また、その作品が所蔵されている美術館を知りたい。

レファレンス演習から学んだこと

わずか四、五分で回答を得ることができる課題もあれば、一時間二時間とかかり、何冊もの資料を手にして回答を見つけ出す課題もあります。多くの学生が四苦八苦しながらも、最後はほぼ全員が回答にたどりつきます。そうした「苦闘」の経験を、学生の感想文からまとめてみると、特徴的なことがおよそ二点あります。その一点目は、(学校)図書館の再発見に関する次のような感想です。
・いままで図書館は、大学内の一つの施設・空間としか感じていなかった。でもいまは、わからないこと、疑問に思ったことを調べられる学習環境だと思うようになった。
・今回、紙媒体で情報を獲得することで、自分のなかに情報が入ってくるような感覚がした。何冊ものレファレンスブックにあたって、調べたことがわかったとき、とても達成感を感じた。私たち学生でも達成感を感じるのだから、子どもたちはさらに感じるのではないだろうか。子どもが何かの疑問を抱いた際、インターネットに頼るのではなく、図書館に行くことを勧め、たくさんの本を手に取ってもらえるように指導したいと思った。図書館にはたくさんの情報が詰まっていることを改めて身をもって感じさせられた講義だった。
・辞書・事典を用いて検索をすると、想像以上の情報を得ることができた。頭と体を使って苦労して得た情報は忘れられない。「調べ方」について学び直す機会となった。
・いままでは、図書館は本（読み物、講義関連図書）を借りるときぐらいしか利用しなかった。でも図書館で、いままで触れたこともない本（レファレンスブックなど）を利用して演習題を調べてみると、ほとんどのことがわかってしまうのには驚いた。つくづく「図書館は知識（情報）の館だ」と思った。
・大学四年間で学んでいくために必要なスキルばかりだと思うので、学部一年目からこの調べる演習を繰り返しおこなって、スキルを上げていくべきだと思った。今後、授業のレポート、卒業研究、将来教員になったときの生徒への指導に、今回学んだスキルを生かしていきたい。

感想の二点目は、情報検索への不安や喜び、そして自分の力で発見していく手応えについてです。

・振り返ってみると、調べることは楽しいと思える自分を発見し、知らないことを知った喜びを私は十分に味わった。教師になったとき、この思いを子どもたちにも伝えたい。

・苦労しながら回答にたどり着いたときは、思わず「やった！」と声を発しそうになった。すべてを終えたとき、私は充実感と満足感でいっぱいだった。そしていまは、人に頼らずに自分で調べることが大切だと実感した。

・課題を終えてみると、回答そのものよりも、課題を調べる過程が大切だということがわかった。過程のなかに「宝」がたくさん詰まっていた。

「学び方の学び」の一つの方法

こうした「レファレンス演習」は、「学び方の学び」の一つのケースにすぎません。その「学び方の学び」は、①必要な情報をできるだけ早く正確に検索・入手することから始まり、②次に入手した情報の信頼性、課題に対する情報の妥当性を判断・評価し、③新たな情報（結論）を導き出し、④さらにその情報（結論）を目的に沿うようにまとめて表現（文章、図表、ディスカッションなど）する、ことです。ですから、例示した「レファレンス演習」は、情報検索技法の一部（情報の入手方法）を学んだにすぎません。しかし情報の入手は、情報との向き合い方の入り口です。課題（疑問）を認識したら、学びはその課題に適合する情報を入手することから始まります。そして、その情報をもとに、次のプロセス（評価・分析・加工・発表）へと続くのです。

もちろん、情報検索はこの演習のような「紙媒体」に限りません。今日の情報環境は、コンピューターを用いた情報システムに移行しつつあります。求める情報も、コンピューター（あるいは、身近なところではスマートフォン）を利用することで容易に入手できることが多々あります。私の「レファレンス演習」題も、これらの機器を使うことによって「瞬時」に回答を得られるものもあります。ですから、「面倒な紙媒体を使わなくても」という声もあります。しかし日常的にコンピューターを利用しスマートフォンを駆使している学生も、この演習題を経験して、次のような感想を述べています。

・インターネットに頼りがちないままでの生活、学び方を改めようと思う演習だった。何でもインターネットで検索すれば「答え」が見つかりそうな世の中だが、紙媒体で情報を獲得することで、自分のなかに情報が入ってくるような気がした。

・インターネットを使って調べたほうが早いことも多々あるが、情報の正確さ、関連情報の多さと細かさなどの点では、紙媒体のほうが優れていることが多いと感じた。だから両者をじょうずに使い分けることが大切だと思った。

・これまでは、何か調べものがあるときは何も考えずにネットにワードを入力・検索して終わりということがほとんどだった。しかし、講義を受けて、自分で調べたいものを探す努力を実践することで、主体的に勉強することの難しさ、楽しさ、大切さを実感した。また何も知らずに、ネットのツールを使うことの怖さについても実感することができた。

・いままでは、パソコンにキーワードを入れてヒットしたものを手にしてきたが、紙媒体を使うと、リレーのように情報を得ていく感動を得ることができた。今回の演習を通じて、調べる方法をプラスアルファできたように思う。これからは、コンピューターと紙媒体を併用して情報を得るようにしたい。

情報化社会（あるいは知識基盤社会）そしてＩＣＴ（情報通信技術）など、社会の著しい変貌のなかで、学生は、インターネット情報を学習にも生活にも不可欠な情報として利用しています。そしてこれらの情報を入手できる機器は生活の「必需品」です。にもかかわらず、紙媒体を利用して情報を入手することの大切さを学生たちは再確認できたようです。紙もデジタルも、両方を利用した情報検索の大切さの再確認です。

学生の感想で「情報の正確さ」に言及しているものも多々ありましたが、課題に対応した情報の妥当性の判断・評価も情報（既知の知識などを含む）を手がかりにおこなわれるので「情報の正確さ」は大切なことです。その正確さに関し、インターネット上の情報には、国政に関する機関（国会、内閣、裁判所など）、国際機関、地方自治体、各種の研究機関、教育関係団体、マスメディア、企業など、情報の発信者が明らかな場合が多くあります。こうしたケースでは、その機関が発信する情報の信頼性は担保されています。しかし多くのネット上の情報は、発信者が不確かなため、ネット上には誤った情報や偏った情報が記されていることもあり、記事自体の信頼性に疑問符が付くことがあります。その点、辞書・事典などは、多くの専門家が編集・執筆に参加しています。例えば、事典のなかには解説された項目の末尾に執筆者名が記されることが多く、辞典などの場合は編集に携わった人（執筆者）が巻頭（巻末）に記されています。執筆者が明示されていることは、情報の正確さ・信頼性を保つうえで大切なことです。

それだけに、紙媒体としての辞典・事典などのレファレンスブックを使用して情報を入手する技法を身に付けておくことは、「学び方の学び」にとって重要です。特に、学校図書館の利用者は、小・中・高校生です。まずは、紙媒体を利用した情報検索の技法を身に付けることが必要でしょう。国語辞典を引く、百科事典で調べる、専門事典を使う、索引を利用する、そして辞典（事典）がもつ通覧性を感じる。こうしたことは、「学び」の質を深めることにもつながるのです。

そして子どもたちが、このような技法を身に付けるためにも、指導者である教師自身がそうした技法を習得することが大切です。前述した「レファレンス演習」は、そのような技法を身に付けるためのものでした。教授者である司書教諭（教諭）や学校司書がレファレンス能力を身に付けると同時に、その習得した技法を子どもたちにも指導し、子どもたちが自ら情報検索できるようになることが大切なのです。

4　レファレンスサービスの種類

事実調査

「レファレンス演習」という講義のなかで提示した演習題の多くは、レファレンスサービスのなかでは「事実調査」と称される分野です。「〜について知りたい」というのが、典型的な質問例です。

その質問は、言葉、事柄、人物、地名、歴史的事項、動植物、統計、時事的事項、難読地名・人名など、多岐に及んでいます。回答は情報の提供、すなわち質問に対する回答が載っている情報（図書館資料）の提供という形をとります。

こうした質問の多くは、レファレンスブックを用いて検索することが可能です。そのレファレンスブックの代表は国語辞典や事典類ですが、国語辞典だからといって「言葉」の意味だけが載っているとはかぎりません。国語辞典の代表である『広辞苑』（岩波書店）は、国語項目のほか、人名・地名・書名・動植物名・固有名詞、さらには古語・漢語・慣用句・故事などを収録した「事典」的な辞典です。二〇一八年に刊行された第七版には、新たに一万項目が追加され、計二十五万項目を収録しています。アプリ、お姫様抱っこ、自撮り、ブラック企業、限界集落などの新語が掲載されて話題になりました。

また辞典のなかには、言葉の種別や主題ごとに様々のものがあります。国語辞典以外にも漢和辞典、古語辞典は日本語と関わる代表的な辞典であり、故事・ことわざ・成句辞典、難読語辞典（人名・地名など）、外来語辞典などもよく使われる辞典です。もちろん、英和辞典、和英辞典といった対訳辞典は外国語を使用するときに必須の辞典です。また事典のなかには、百科事典をはじめ、文学・歴史・地理・人物・社会科学・自然科学・芸術などあらゆる分野にわたって専門用語を解説した事典（辞典）も多数存在します。さらには図鑑、統計書、年鑑、書誌など、レファレンスブックは多岐に及んでいます。

「事実調査」の検索方法は、自館所蔵のこうしたレファレンスブックの利用を中心におこない、さらに一般書にも検索の範囲を広げることになります。そして今日では、こうした事実調査は、インターネットの利用によって効果的に情報を得ることができます。

また、こうした「事実調査」には、質問内容が平易で、即座に回答できる「即答質問」(quick reference question) といわれるものがあります。学校図書館でのレファレンスの多くは、こうした質問です。それに対して、回答するには複数のレファレンスブックを利用する、一般書にも当たる、あるいは他館に問い合わせを要するなど、回答に時間がかかる「探索質問」(search question) があります。いずれの質問にも丁寧に応えたいものです。

所蔵調査

レファレンスサービスは、事実調査だけにとどまりません。子どもが、学校図書館に寄せる質問は様々です。その質問は、学校図書館に対する期待や信頼関係とも深く関わっています。信頼関係が強まれば強まるほど質問は多岐にわたり、内容も複雑になります。以下では、事実調査以外の質問について述べます。

まずは「所蔵調査」についてです。求める情報源（資料）が自館に所蔵されているか否かを問う質問です。この質問は「○○に関する本（資料）は、この図書館にありますか？」という問いが典型的な質問例です。こうした質問は、学校図書館には非常に多く寄せられます。「学校祭の展示で、阪神・淡路大震災のことを取り上げたい。これに関する資料はこの図書館にありますか？」「山下りんという女性は、イコン画という絵を描いたそうですが、山下りんに関する資料はこの図書館にありますか？　またその作品が載っている資料はありますか？」

子どもは、まずは最初に自分で本（資料）を探しますが、自分で探せないこともしばしばです。それは大人も同じです。そのため図書館は、利用者が資料を容易に検索できるように、古くから様々な検索技術を生み出してきました。分類や目録という技法は、そうした検索技術の基軸をなすもので、他にも館内や書架には様々な「サイン」（資料の案内・指示）も用意されています。これらは図書館資料を図書館側から調整し、資料の混乱を一定の約束のもとに制御しようとした「ルール」です。

ですから「所蔵調査」に対しては、こうした「ルール」の一つである「ＯＰＡＣ」（online public access catalog。オンライン上の閲覧目録）がその図書館にあれば、それを利用して検索し、回答することができます。また利用者（子ども）が、そうした検索手段を自分で利用し、検索することもできます。しかし、子どもがこうした検索手段を適切に利用できるとはかぎりません。また検索できても、実際に書架に行ってその資料を手にできるとはかぎりません。見つけることができないこともあるのです。そんなときに、子どもはカウンターに来て「この本ある？」と尋ねます。

それは事実調査の場合も同様です。最初は自分で調べようと思い、あれこれと資料を手にしますが、それがかなわなかったとき、「～について知りたいので教えてほしい」とカウンターに相談にくるケースがあるのです。ですから、図書館担当者が心に留めておかなければならないことは、利用者が資料を制御するルールを承知しているとはかぎらない、ということです。こうしたルールは、図書館側にあっても利用者には存在しないこともあるのです。それは、学校図書館利用者である子どもの場合にも同じことがいえます。

学校図書館の担当者を二、三年経験すると、所蔵資料が二万冊程度なら、所蔵の有無については目録（ＯＰＡＣなど）を利用しなくても頭に入っていることが多いものです。ですから、質問された資料を所蔵しているか否かは直ちにわかるようになります。ただ、所蔵していても貸出中とか本の修理中などの場合は、当該資料が書架上にないことがあり、一時的に提供不能の状態になります。そして、そのことも直ちにわかります。

こうした所蔵調査の回答は、当該資料の所蔵の有無としておこなわれます。その際、当該資料が配架されている書架の位置や請求記号を案内することになりますが、できるだけ子どもと一緒に、その書架に足を運び、直接子どもに資料を手渡したいものです。その書架に向かうわずかな時間に、図書館資料は一定のルールに基づいて配架されていることを教えることも可能だからです。さらに、当該資料が自館に所蔵されていないときは、他館に問い合わせて、その資料を取り寄せるか否かを判断することになります。それは、後述する「相互協力」と連動することでもあります。

文献調査

次に論じるレファレンスサービスは「文献調査」です。文献調査とは、ある特定の主題（テーマ）に関して、どのような資料があるかを尋ねる質問です。「〇〇ということを調べたい（知りたい）」が、そのことを調べられる本（資料）には、どんな本（資料）がありますか？」という問いが「文献調査」の入り口になります。例えば、「家庭科の授業で、遺伝子組み換え食品のことについて習った、もっと詳しく知りたい、そうした本にどんなものがありますか？」「社会科の教科書に、「『アンネ・フランク』や『杉原千畝』の本を読んでみること」とあったが、この二人のことを知るためにはどんな本がありますか？」というような質問です。こうした質問には、自館資料にとどまらず他の図書館などを含めて、関連するテーマに関する資料（文献）にはどんな資料があるのかを知りたい、ということが含まれています。

学習が深化すると、特定のテーマに関する学習を展開する、学校行事などで独特の取り組みをする、自分の興味・関心をより深めるなど、課題の一層の深化・発展を求めて、特定の資料を求めるケースが生じます。「知りたい情報が載っている資料（文献）を知りたい」。こうした要求は、子どもの成長・発達とともに大きくなっていきます。所与の知識だけではなく、新たな知識を獲得して新たな発見へとつなげていく過程は、自立的人間への確かな歩みです。

こうした質問に対しては、まずは当該の本（資料）が自館に所蔵されているか否かの調査から始まります。この場合は先の所蔵調査と同じです。書名がわかっている場合はすぐ回答が可能です。しかし、その質問はどういうジャンルに属する質問なのか明らかでない場合があります。そうしたとき、それを判断するためにＯＰＡＣなどの目録、日本十進分類法（ＮＤＣ）の相関関係、さらには質問に関連した一般書の参考文献を調べることも考えられます。

そしてさらに、質問のキーワードを参考に、書誌や目録・索引を利用して、これらの文献を検索することになります。しかし、その書誌や目録・索引を学校図書館で所蔵しているケースは多くはありません。例えば、特定の作家のある作品が載っている全集を検索できる書誌に『現代日本文学総覧シリーズ』がありますが、この文献を所蔵している学校図書館は少ないのが実情です。

しかし今日、こうした書誌・目録・索引はインターネット上で多く見ることができます。OPACでは、全集に収録されている作品を検索することができ、他館のOPACを開けば、その資料がどの図書館に所蔵されているかがわかります。先ほどの「杉原千畝」を私が居住している北海道立図書館の蔵書検索機能を使って検索すると、三十五件がヒットしました。さらに都道府県立図書館の検索機能には「横断検索」があり、特定の図書が当該県（など）内のどの図書館に所蔵されているかを検索できるので、近くの公共図書館の所蔵情報を一挙に知ることができます。

また「国立国会図書館サーチ」（NDL Search）は、「国立国会図書館をはじめ、全国の公共図書館、公文書館、美術館や学術研究機関等が提供する資料、デジタルコンテンツを統合的に検索できる『知』のアクセスポイント」です」（国立国会図書館のウェブサイト）。このウェブサイトで、先ほどの「杉原千畝」を検索すると総数二百八件（本：百件、児童書：二十二件、デジタル資料：六十九件、レファレンス資料：十七件など）がヒットしました。児童書のなかには「マンガ」を含めて、小学生向きの本もあります。先に例示した社会科の教科書は、小学校六年生の教科書です。そしてこの検索によって、これらの資料がどこの公共図書館に所蔵されているかも知ることができるのです。

また国立情報学研究所（National institute of informatics：NII）が運営する「CiNii」は、学術論文や図書・雑誌などの学術情報を検索できるデータベースです。このサイトで、先ほどの「杉原千畝」を検索すると八十三件がヒットします。このサイトの情報の多くは、専門的な立場からのものなので、教師の文献検索に役に立つでしょう。また、同じ国立情報学研究所が提供する「Webcat

Plus」の「一致検索」機能を利用すると、特定図書が所蔵されている大学図書館を検索できます。先の「杉原千畝」をキーワードに一致検索機能を利用して検索すると百五十件がヒットし、それらの資料の所蔵大学を知ることができます。なお検索結果は、いずれも二〇一八年四月八日現在です。

これらの情報源をもとにして、利用者である子どもに求める本（資料）を提供することが可能になります。そして回答は、当該情報が載っている本（資料）の提供になります。しかし、この調査で求める資料がわかっても、自館にその資料を所蔵していなければ、資料を提供することはできません。この場合は、先の検索によって所蔵が確認された図書館などから借り受けることになります。これは後述する「相互協力」のサービスです。

書誌情報の調査

読みたい本があるが、どの出版社から発行されているかわからない。書名は何となく覚えているが、はっきりとはわからない。こんな経験をした人もいるでしょう。出版物は、タイトル名（書名、シリーズ・叢書名）、著者（編者）名、版表示、出版社、定価、資料の形態など、資料（図書）の同定・識別に必要なデータ（「書誌的事項」）のどれかがわかるとその情報（資料）の入手が容易です。これらは、一般的には目録記入のための諸要素でもあるので、コンピューター上の目録であるOPACには、これら書誌的事項が記入されています。「最近、○○という本が話題になっているが、その本を自分で買って読みたい。先生、どこから出版されていて、定価はいくらなのかを教えて？」「動物の図鑑で、二十冊くらいのシリーズ物があったと思うが、シリーズ名と出版社を教えて？」というのが書誌情報調査における一般的な質問例です。

こうした場合、自館にOPACがあれば、書名、出版社名など書誌的事項のいずれかを手がかりに、質問の資料を検索することができます。また国立国会図書館や地域の公共図書館の蔵書検索機能を利用して書誌的事項を知ることもできます。さらに、ネット上のサイトで探す方法もあります。「Books.or.jp」（日本書籍出版協会）、「e-hon」（トーハン）、「紀伊國屋書店 BOOKWEB」（紀伊國屋書店）などの取次や出版社関連のサイトがそれです。「Books.or.jp」は国内で発行され、現在入手可能な書籍を収録する書籍検索サイトで、入手可能な既刊分、約九十八万点の検索が可能です。「e-hon」はわが国の取次会社最大手のトーハンが運営するオンライン書店です。また出版社がわかっている場合は、出版社のウェブサイトから検索が可能です。

これらの情報を、学校図書館にあるパソコンを使用して、子どもと一緒に検索することができるなら、子どもは今度は自分で調べてみようという思いを抱くことでしょう。

図書館の利用法と図書館資料の利用の仕方への援助（指導）

レファレンスサービスの五番目は、「図書館の利用法と図書館資料の利用の仕方への援助（指導）」です。それには二つあります。

一つは図書館の利用法への援助です。例えば「○○という本（文献）を図書館で探すには、どうしたらいいですか？」という質問です。回答は図書館利用法の指導（援助）をおこなう、ということです。日本十進分類法（NDC）、配架、フロアガイドなどの指導がその代表的なものです。

二つ目は、図書館資料（特にレファレンスブック）の利用法への援助です。「この事典（年鑑）の使い方は、どうすればいいですか？」「この事典の索引はどのようにして使うのですか？」という質問となって現れます。こうした質問は、学校図書館ではよく見られます。レファレンスブックは、前述のように、一般の本とは異なった方式（五十音順、ABC順、主題順など）に基づいて編集されているので、そのなかから特定の情報を検索することは、子どもにはそう簡単ではありません。せっかくの資料を前にして、戸惑いを見せることがあります。そうした場合に、その利用法を指導するサービスです。この場合の回答は、図書館資料（特にレファレンスブック）の使い方の指導（援助）として現れます。

こうした指導は、本来は「学び方の学び」の一環として、「利用指導」（現在では「情報・メディアを活用する学び方の指導」）のなかでおこなわれることですが、子どもが実際の図書館利用の場面で、学校図書館担当者の指導・援助を受けながら検索の技法を習得することは、利用者自身の検索能力を高めることにもつながります。それは当然、他の情報を検索する際にも役立つからです。

5　質問内容を正確に把握する

「明らかにならない質問」

レファレンスサービスは、質問が出発点です。質問内容が明らかになれば、レファレンスサービスの半分は終わったも同然です。「どんなこと」の「どんな側面」、すなわち「主題」(どんなこと)と「探索事項」(どんな側面)が明らかになるからです。

しかしレファレンスサービスで、この「主題」と「探索事項」の関係を明らかにすることはそう容易ではありません。子どもたちは、主題を明らかにしなかったり、またできなかったりするため、探索事項が何なのかが明らかにならないことがあるのです。その要因には、次のようなことがあります。

・質問の表現が不適切なために、質問内容が明らかにならないことがある。知りたい内容をじょうずに説明できないからである。その根底には、真に知りたいことが何なのかを、子ども自身もよくわかっていないケースがある。その際は「どうしてそのことを知りたいの?」と、質問にいたった経緯や動機を(可能であれば)聞いてみる。質問の動機が明らかになると、質問の中身が明らかになることが多い。

・質問の理由や動機を一緒に説明すると質問内容が明らかになるが、あえてそれを明らかにしたがらないことがある。質問内容がプライバシーや健康(病気)、宗教・政治などに関する場合には、自己の心の裡を図書館担当者に知られたくないという思いをもつ子どももいる。特に、中学生・高校生になるにつれて、このような傾向は強くなる。こうした場合、質問の動機を聞くことが難しく、主題と探索事項の関係が明らかにならないので、子どもとの信頼関係が重要になる。

・質問内容が複雑であるため、質問事項をじょうずに説明できない場合がある。質問内容が整理されていない、質問内容が輻輳している、それゆえ子ども自身が質問内容を明らかにできないため、きちんとした質問ができず、主題も探索事項も明らかにならないケースである。こうした場合には、その質問（疑問）が生じた出発点に戻りながら、質問内容（主題）を整理することが大切である。そうしたなかで、探索事項が明らかになっていく。

・また、質問に対する回答をどこまで求めているのかが明瞭でない場合がある。文字情報なのか、あるいは図表や写真を必要としているのかによって使用するレファレンスブックは異なる。こうしたケースは、子どもが質問事項をきちんと把握していない場合に生じる。子どもとの会話を通して、求める情報の内容を確認していくことが大切になる。

・子どもの多くは、レファレンスブックにどんな種類があるかを把握していない。前述の「演習題」を経験した大学生も、課題に適合するレファレンスブックを把握していないケースが圧倒的である。そうした場合、「こんなことを調べられるのだろうか？」とか「先生に聞いても「無駄」（わからない）なのではないか」という思いが先に立つことがある。そうした思いをもった子どもには、「あなたの知りたいことを調べられる本があるよ」などと話をしながら、当該資料に当たることが必要である。

・「こんなことを聞いたら、先生を困らせないだろうか」「こんな質問をして、忙しそうな先生に迷惑をかけないだろうか」と、子どもが躊躇の気持ちをもつことがある。子どもは、先生の日常をよく観察し、自分との関係を図っている。そうした状況のなかでカウンターに来た場合には「わからないことがあったら、いつでも聞きにきてね。図書館では大抵のことは調べられるよ」などと伝えてみる。こうすることで、子どもの心をほぐしながら質問を受けることができるようになる。

・「こんな質問をしたら、先生に笑われないだろうか」「先生は、私の無知をばかにしないだろうか」といった懸念の気持ちがあるため、質問を躊躇する場合がある。日常の子どもとの関わりが、レファレンスサービスにも現れるケースといえる。学校図書館は、学校図書館だけで成り立っているのではなく、日常の学校生活の延長線上にある。それだけに、「図書館には、どんなことを聞きにきてもいいよ」などと伝え、子どもを安心させながら質問を受けることが大切である。

レファレンス・インタビュー

子どもたちは、実に多くの「制約」のなかで学校図書館を利用しています。そのため、学校図書館担当者は子どもたちのこうした制約のベールをはがし、真に知りたいことは何なのかを徐々に明らかにする必要があります。質問内容を明確化し、回答対象（情報量、資料の種類など）を把握し、検索作業に入ることが求められます。

例えば、「先生、星のことについて書いた本を見たいのだけれど」とカウンターにやってきたとします。星のこと一般について知りたいのであれば、日本十進分類法（ＮＤＣ）に基づき、天文学・宇宙科学の分類番号（４４０）の書架を案内すればいいことになります。しかし、星一般を知りたいということはあまりありません。知りたいのは、星のなかでも「○○」という星であり、さらにその星の「△△」について知りたいのです。しかし、前述した要因が重なり、質問内容が明らかにならないことがあります。そのため、カウンターでの会話を通じて、本当に知りたい事項を引き出す必要があります。そうすると、この子どもの場合は、「ヘールホップ彗星の明るさと尾の長さを知りたい」ということが明らかになりました。こうして、主題は「ヘールホップ彗星」、探索事項は「その明るさと尾の長さ」ということになり、レファレンスサービスは資料の検索へと向かうのです。

学校図書館の場合、質問の多くはカウンターに寄せられ、その質問の多くは口頭によるものですが、ときには文書あるいは資料を持参しての質問もあります。こうした質問を受けてから回答にいたるまでにおこなわれる図書館担当者による子ども（利用者）との応答を「レファレンス・インタビュー」といいます。そのインタビュー（接遇）のありようが、子どもの要求の満足度と関わり、さらには図書館に対する印象をも左右することがあります。そして、このインタビューのなかに、レファレンスサービスの重要なことが詰め込まれているのです。

このインタビューが目的に沿うようにおこなわれるには、学校図書館側は子どものプライバシーを尊重すると同時に、子どもとの間に信頼関係を築くことが大切です。学校の営みのすべてに該当することですが、子どもと教師との間に信頼関係があるか否かは、教育の質をも左右する大きな要因です。それは学校図書館も同様で、レファレンスサービスの質をも決定づけるのです。

6　レファレンス資料を整備する

子どもの発達段階に応じたレファレンスブックの整備

次に、レファレンス資料の整備について述べます。

その基本は、子どもの発達段階に応じたレファレンスブックを整備することです。レファレンスサービスは、人的サービスとそれを支える業務から成り立っています。「人的サービス」とは、利用者に対する図書館員による直接的・個別的サービスのことを指します。学校図書館に引き付けるなら、担当者が子どもの情報（情報源）要求に対しておこなう直接的・個別的サービスです。それに対して「業務」とは、レファレンスブックを軸にレファレンスコレクションを構築する業務などのことをいいます。人的サービスを背後で支える業務で、この業務のありようがサービスの質を決定づけるのです。

レファレンスブックは、レファレンスコレクションの中軸です。ですから、レファレンスブックが、どのように学校図書館内に構築されるかは、その学校図書館のレファレンスサービスのありように影響を与えます。学校（特に小学校）は、子どもの発達段階が異なっています。それだけに、レファレンスブックの整備に際しては、子どもの発達段階を十分に考慮する必要があります。言語を理解する力は、学年によってあるいは子ども一人ひとりの発達によって異なります。その言語（辞典など）を理解できなければ、その子どもにとってのレファレンスブックはないに等しいわけです。それだけに、発達段階に応じたレファレンスブックの整備が求められます。

また、学校教育は「教科」の授業を軸に進められます。ですから、レファレンスブックは、各教科の目的と進度に合わせて整備する必要があります。たとえば小学校三年生の理科では、一学期に昆虫のことを学びます。授業で聞いた（学んだ）昆虫の話について「もっと知りたい」と思う子どもはたくさんいます。その思いに応えるためには、学校図書館は昆虫（動物）の図鑑や解説資料（NDCの「486」が中心）をそろえる必要があります。そのため図書館担当者には、自校の教育課程の内容を把握し、使用する教科書をよく見ておくことが求められます。そして、同僚教師とのコミュニケーションを図るなかで、さらに整備すべきレファレンスブックが何なのかを知る必要もあるでしょう。

レファレンスブックにも「個性」がある

レファレンスブックにも「個性」があります。レファレンスブックは、編集者（執筆者）の考えによって、同一の言葉や事柄でも、解釈や解説に異なる記述が見られる場合があります。例えば、本書でも頻繁に出てくる「情報」という言葉を例にとってみます。『新明解国語辞典 第六版』では、「ある事柄に関して知識を得たり判断のより所としたりするために不可欠な、何らかの手段で伝達（入手）された種種の事項（の内容）」という解説の後に、「通常は、送り手・受け手にとって何らかの意味を持つ（形に並んでいる）データを指すが、データの表わす意味内容そのものを指すこともある」(9)と説明しています。情報を、「データ」と結び付けて説明しています。しかし『広辞苑 第七版』では、「あることがらについてのしらせ」に続いて、「判断を下したり行動を起こしたりするために必要な、種々の媒体を介しての知識」(10)と説明しています。ここでは、情報が「知識」と結び付いて説明されています。情報とデータ、情報と知識、両辞典では異なった解釈がされています。「舟を編む」(11)ことは、容易なことではありません。言葉の意味でもこうした違いがあるので、事柄についてては、解説する人の考えによって大きな違いが生じることは、よくあることです。

レファレンスブックから得た回答に対する子どもの反応もまた、同じではありません。「なるほど！」と思う子どももいれば、「でも、ピントこないな〜」と思う子どももいます。様々な反応があり、それはまた当然のことです。特に、前述のように解釈・解説が異なった場合は、どちらの「説」を是とするか困惑することもあるでしょう。しかし、「なるほど」と思わなければ、さらに他の資料（辞典など）に当たり、「なるほど」と思えるような情報を検索することが大切です。入手した情報を読み比べ、見比べながら、その情報が目的に合致した情報であるか否か、また理解できる情報であるか否か、などを吟味することが重要です。「なるほど」と思ったときに、その回答は子ども自身のものになるのです。そして、調べることの楽しさを実感し、また「調べよう！」という思いを深くすることになるのです。そのためにも、レファレンスブックを複数所蔵することが望まれます。国語辞典も、専門事典も図鑑も、できるだけ複数を所蔵することによって、子どもは自分に合致した情報を入手できるのです。

用途に応じたレファレンスブックの利用

またレファレンスブックの種類は多数あるため、用途に応じた使い分けをすることも大切です。例えば、国語辞典、百科事典、歴史事典、人名事典、地名辞典など、それぞれに用途、目的が異なっています。同じ言葉、事柄でも、それぞれのレファレンスブックによって解説が異なる場合があるからです。

先ほどの「情報」も、『図書館情報学用語辞典 第四版』という図書館情報学に関する専門の事典には、情報は「送り手と受け手の存在を想定したときに、送り手からチャネルやメディアを通じて受け手に伝えられるパターン。図書館情報学では、ブルックス（Bertram Claude Brookes 1910-1991）による「受け手の知識の構造に変化を与えるもの」という定義が広く知られている」、そして「情報は、データと知識との区別、また物質とエネルギーとの対比によっても説明される[12]」と解説しています。これは図書館情報学の視点からの解説で、語義・用法などを解説する国語辞典とは異なっています。当然、他の事項もそれぞれの辞典（事典）の特性に応じて異なった解説がされることがあります。子どもの知りたいことは「何」の「どういう側面」なのか、そのことを明確にしながら、それに合致したレファレンスブックを子どもに提供することが求められます。

またレファレンスブックは、読み物とは異なり何度も利用するものです。特に、言葉に関するレファレンスブックには、そうした傾向があります。同一の言葉でも、利用目的によって反復し検索することがあります。それがレファレンスブックの奥深さでもあります。子どもには、こうした実践を通してその奥深さを体験してもらいたいものです。一つひとつの「言葉」を、その言葉が用いられた文脈のなかで理解していくことは、その一つひとつの「言葉」を獲得していく過程そのものだからです。

レファレンスツールとしてのファイル資料

レファレンスコレクションは、レファレンスブックだけではありません。各種のリーフレット、パンフレット、一枚ものなどの資料も、レファレンスコレクションに転化します。これらの資料は、書誌コントロールがされていない資料ですが、これらの資料を一定の体系に基づいて分類し、整理・保存するなら、レファレンスツールとして役に立ちます。

これらの資料は、一般に「ファイル資料」といわれます。そのうちのリーフレットとは、印刷した一枚の紙を一回折った二ページ（片面印刷）ないし四ページ（両面印刷）の印刷物です。またパンフレットとは、「分量が数ページから数十ページと少なく、きわめて簡易な方法でとじてある冊子体の印刷資料[13]」のことです。ユネスコでは統計作業のため、「表紙を除き、五ページ以上四八ページ以下の印刷された非定期刊行物」と定義しています。これらの資料には、新鮮で、ときには詳細な情報が含まれていることがあります。画像（写真）、図表・統計（グラフ）などが載っていることもあり、視覚的な点から理解を助けてくれます。いずれも限定した情報や知識を一時的に提供する目的で作成された資料です。

しかし、これらの資料は、散逸・破損もしやすく、また形態も多様であることから書架への配架も困難です。そのため学校図書館では、これらの資料の収集・保存に戸惑いを感じることがあります。こうした問題を解決するには、これらの資料をフォルダーに入れたり、バインダーに綴じ込んだりして、整理・保存することです。そして、そのフォルダーやバインダーの背表紙に、保存されている主題（テーマ）を表示すると検索しやすくなります。

こうしたファイル資料を個別の学校の学習課題に応じて作成すれば、レファレンスツールとして大きな意義をもつことになります。特に総合学習では、「地域や学校、児童の実態等に応じて、教科等の枠を超えた横断的・総合的な学習、探究的な学習、児童の興味・関心等に基づく学習など創意工夫を生かした教育活動を行うこと」(現行「学習指導要領」)が期待されています。それだけに、各学校が総合学習にふさわしい個々の主題を選択し、それに合致した資料を用意することは、こうした学習を支えることになります。

また新聞も大切なレファレンスツールです。その新聞記事を、主題(テーマ)ごとに切り取り、台紙(スクラップブックなど)に貼って主題(テーマ)を表示し、保存・提供することができます。特に、自校の学習課題に応じた切り抜きをすれば、その資料は教科学習や特別活動、さらには進路指導などに利用することができます。自館作成のオリジナルなレファレンスツールとして有益なものになるのではないでしょうか。ある進学校(高校)のケースですが、大学受験の際の小論文対策として、大学(学部)入試に適した新聞記事を切り抜き、主題ごとに区分けし、表題を付したスクラップブックを作成しました。受験の時期になると、自分の課題に適したスクラップブックを求めて来館する生徒が多く見られたということです。

こうしたファイル資料や新聞の切抜き資料は、レファレンスブックの不足を補なうと同時に、新鮮な情報を提供するにはとても有効な資料です。

レファレンスツールとしての一般書

レファレンスツールの中心はレファレンスブックですが、図書館が所蔵する一般の資料もレファレンスツールになります。いわば、主題と探索事項を結び付けることによって、図書館資料全体がレファレンスツールに転化するのです。

国語の授業で、芥川龍之介について調べる課題が出された場合、百科事典や文学事典、人物事典を利用して調べるのが一般的です。しかし、その記述は比較的簡易であることが多く、詳細な情報を得ることができない場合があります。こうしたとき、芥川龍之介の伝記を読むのも一つの方法です。また、文学全集の巻末に載っている「年譜」を見ることも一助になるでしょう。文学全集には、掲載されている作家の略伝が載っていることが一般的です。また作家評もしばしば載っているので、辞典類よりは詳しい情報を得ることができます。

美術の時間にパブロ・ピカソの『ゲルニカ』を見たが、彼の他の作品を見たいというレファレンスがあった場合は、何をさしおいても美術全集のなかから、ピカソの作品を探すことが第一です。もちろんピカソ個人の画集があればそれに越したことはありません。絵画以外にも、歴史的建造物（寺院・神社・城など）、彫刻・書などの芸術作品、自然の風景などの場合も、それぞれにふさわしい全集・シリーズ物が出版されています。

「ヒロシマ」のことを知りたいというレファレンスの場合はどうでしょうか。原爆が投下された「ヒロシマ」のことです。そのときの様子、惨状はレファレンスブックを利用して検索できると同時に、歴史書を読むことでも知ることができます。質問によっては、「ヒロシマ」をつづった文学作品を紹介する方法もあります。『黒い雨』(14)（井伏鱒二）、『夏の花』(15)（原民喜）、『広島第二県女二年西組』(16)（関千枝子）、そして絵本『ひろしまのピカ』(17)（丸木俊）などこれらの作品は、「ヒロシマ」の実相を伝え、戦争と平和の問題、人間の優しさをも教えてくれることでしょう。

これらの図書は、いわゆるレファレンスブックではありませんが、求める情報の内容によっては、レファレンスブック以上に必要な情報を提供してくれます。

7　コンピューター社会とレファレンス

特に電子媒体について

①「いつでも、どこでも……」

今日のわが国の社会は、「いつでも、どこでも、何でも、誰でも」が、コンピューター（インターネット）につながることが一般化した社会です。総務省の「平成二十八年通信利用動向調査の結果」[18]（二〇一七年六月八日発表）によると、次のようになっています。

・インターネットを利用している個人の割合は八三・五％
・スマートフォンでインターネットを利用している人の割合は五七・九％
・スマートフォンを保有する個人の割合は五六・八％
・パソコンを保有する世帯の割合は七三・〇％

こうした社会の到来は、学校教育にも及んでいます。文部科学省「平成二十八年度学校における教育の情報化の実態等に関する調査結果（概要）[19]」（二〇一七年三月一日現在）によると、学校でのICT環境の整備状況は以下のとおりです。

・教育用コンピューター一台当たりの児童・生徒数は五・九人
・普通教室の無線ＬＡＮ整備率は二九・六％
・教員の校務用コンピューター整備率は一一八・〇％

こうした整備状況は、さらに学校図書館にも及んでいます。文部科学省の調査（平成二十七年度）によると、学校図書館蔵書のデータベース化は、小学校：七三・九％、中学校：七二・七％、高等学校：九一・三％です。[20]データベース化は、自館ごとのＯＰＡＣの構築を可能にさせる大きな要因で、資料検索（特に所蔵調査や書誌情報の検索）はこうした技術によって容易になります。これは、かつて「目録カード」を一枚一枚めくって所蔵調査などをおこなっていたことを思えば隔世の感があります。

こうしたネット環境の変化は、レファレンスサービスにも大きな影響を与えます。カウンターに行かなくても、自分でパソコン（スマートフォン）を利用することで検索が可能になるからです。漢字の読みがわからなくても、一文字一文字を検索ボックスに入力すれば、難読の地名・人名も検索できます。歴史的事項も文学的事項も、そして何よりも「新鮮」な情報を瞬時に検索できます。スマートフォンでインターネットを利用している人の割合は全体で五七・九％となり、十三歳から十九歳の利用者は七九・五％にのぼります。[21]中学生・高校生が、スマートフォンを利用して情報検索をしようと思えば、現在は容易に検索できる環境になりました。

②レファレンスへの影響

このような社会の到来は、（学校）図書館でのレファレンスサービスのありようにも大きな影響を与えます。こうした影響もあって、図書館に寄せられるレファレンスサービスのうち、「所蔵調査」は減少傾向にあります。北海道立図書館の参考業務統計によると、所蔵調査（一般資料）は、二〇〇六年度の八千六十件から、一六年度には四千二百八十五件と、この十年間にほぼ半減しています。(22) 館内でのＯＰＡＣの設置、利用者個人が所有するパソコン、スマートフォンなどでの検索の影響が大きいといえます。ですから、学校図書館でも自館のＯＰＡＣが整備されれば、（特に高校生になると）所蔵調査のカウンターへの質問は減少するでしょう。また「事実調査」についても変化が生じています。即答質問のような比較的平易な質問（通常は一、二冊のレファレンスブックを使用する）は減少することが予想されます。

そして、学校図書館（担当者）にとっても、レファレンスの際に使用するメディアは、紙媒体に限らず、館内に置かれたＯＰＡＣやパソコンを利用しておこなわれることが多くなります。また紙媒体を手に取る前に、予備知識として当該の質問をパソコンで調べておくこともあります。特に、新しい事柄（統計資料、時事的情報など）を検索する場合には、紙媒体の古さは否めません。ネット上の公的機関などが発表した信頼できる情報を検索することが求められます。

レファレンスサービスの意義

しかし、それにもかかわらず、学校図書館でのレファレンスサービスは、重要な意義をもっています。その理由を次に述べます。

第一に、パソコンでの情報検索が容易になっても、子どもがこのようなパソコンなどの情報通信技術を駆使するだけのリテラシーを有しているとはかぎりません。文部科学省は、子ども（小・中学生）の情報活用能力育成に向けた施策の展開、学習指導の改善、教育課程の検討のための基礎資料を得ることを目的に、コンピューターを使用した情報活用能力を測定する初めての調査を実施しました（二〇一三年十月から一四年一月）。それによると、小・中学生とも、次のような課題があることがわかりました。

整理された情報を読み取ることはできるが、複数のウェブページから目的に応じて、特定の情報を見つけ出し、関連付けることに課題がある。(23)

具体的には、こうした課題（複数のウェブページ）の通過率（正答＋準正答の割合）は、小学生九・七％、中学生四三・七％です。準正答とは、「記述式問題等において正答条件のうちの一部を満たしているもの」を指します。また、「二つのウェブページから共通している複数の情報を整理・解釈する問題」の小学生の通過率は一六・三％、「複数のウェブページから目的に応じて情報を整理・解釈する問題」の中学生の通過率は一二・二％となっています。

すべてのメディアは、それを利用するためのリテラシーを必要とします。本を読むには文字の読み書きが、コンピューターを利用するにはコンピューターリテラシーが必要です。メディアとリテラシーは「車の両輪」です。リテラシーが備わっていなければ、当然メディアも使えないし、求める情報を探せません。特に、「複数のウェブページから目的に応じて、特定の情報を見つけ出し、関連付ける」ことは容易なことではありません。コンピューターで目的に応じた情報を見つけ出せないときに、「紙媒体」が必要になります。その過程で、「先生、○○について知りた〜い」と子どもたちはカウンターへ質問にくるのです。

第二は、前述したレファレンス・インタビューでも論じましたが、子どもには、主題（知りたいこと）が明らかになっていないことがあります。そうした状況では、検索ボックスにキーワードとなる言葉を入力することはできません。カウンターでのインタビューを通じて、知りたい動機やその範囲などを明らかにしながら、「主題」と「探索事項」を明確にし、そこからはじめて検索へと進むことができるのです。

第三は、検索ボックスにキーワードを入れて「回答」を得られたとしても、その回答が子どもの理解できる単語や用法で記されているとはかぎりません。多くのサイトは、大人を対象としていて、子どもにとっては、理解不能の「回答」に突き当たることも多々あります。理解できない言語や用法の回答を得ても、それは回答にはなりません。「なるほど」と思ってはじめて、回答は子どもに届くのです。先に、子どもの発達段階に応じたレファレンスブックの整備の必要性を述べましたが、パソコン（スマートフォン）画面に表示された「回答」はそのような発達段階に対応していません。だからこそ、子どもは「なるほど」と実感したい気持ちをもって「先生、○○について知りた〜い」とカウンターに来て声をかけるのです。

第四は、変化が激しい今日の社会にあっては、ある課題に関しては、誰もが納得する回答があるわけではありません。入手した「回答」の正否・真偽、あるいは妥当性を判断することが求められます。しかし、その正否・真偽・妥当性も、情報によって判断することになります。それだけに、極力信頼性が高い情報を入手する必要があります。すでに述べましたが、コンピューター上の情報には、真偽に疑問符が付く場合があります。しかし、カウンターを通じての情報は、信頼性を担保しやすいのです。

第五は、各検索サイトは、個別の学校の学習課題に即しているわけではありません。そのため、得られる「回答」はときに膨大な数にのぼります。子どもにとって、自己の課題に即してその一つひとつの適・不適を確認する作業は容易なことではないのです。その点、学校図書館が収集したレファレンスブックは、各学校の、かつ子どもの発達段階に応じて収集された資料です。レファレンスサービスを通じて、子どもは適切な情報を入手できるようになるのです。

8　教師へのレファレンスサービス

教材への支援

学校図書館法は、その利用対象を「児童又は生徒及び教員」と規定しています（第二条）。教師も学校図書館の利用者です。ですから、レファレンスサービスは教師に対してもおこなわれることになります。

二〇一四年三月、「これからの学校図書館担当職員に求められる役割・職務及びその資質能力の向上方策等について」[24]という報告書が発表されました。この報告書は表題のとおり、学校図書館担当職員に求められる役割・職務および資質能力の向上などについて論じたものです。その「求められる役割・職務」のなかの一つに、教育目標を達成するために、①教科などの指導に関する支援、②特別活動の指導に関する支援、③情報活用能力の育成に関する支援など、「教育指導への支援」に関する職務があります。

この報告書で述べているとおり、教師への支援も学校図書館の重要な業務です。次に、それらの支援について論じていきます。

第一は、授業の展開に必要な教材に対する支援です。教師は、授業の展開に際しては、教科書だけではなく様々な教材を使います。その教材の良し悪しが授業の成否を決めるといっても過言ではありません。その教材は、一義的には担当の教師が授業の展開を想定しながら用意しますが、教師はさらに学校図書館資料を利用することがあります。学校図書館資料は、どのような学習内容のどの展開で利用するのか、またその資料のどの部分を利用するのか、さらに理解を助けるためにどのような加工を加えるのか、そうした教師の選択、加工というプロセスを経て、教材に転化しうる資料です。学校図書館は、それらの資料を教師からのレファレンス要求（打ち合わせ）に応じて提供するのです。これが「教育課程の展開」に組み込まれる学校図書館のサービス活動です。

授業研究、教育研究への支援

第二は、教師の授業研究や教育研究のために必要な情報の支援です。教育には、子どもを取り巻く環境、地域の状況、さらには教育をめぐる広く様々な状況についての正しい認識が必要です。また学校には、個別の教科教育や学級指導の領域を超えた学校横断的な課題への対応が求められることが多くあります。教育課程の編成、総合学習への取り組み、不登校やいじめへの対応など、課題が山積しています。こうした課題を検討するためには、それに合致した最新の情報が必要になってきます。このような学校現場に、学校図書館が積極的かつ継続的に資料提供することは、学校図書館の任務の一つです。

研修活動への支援

第三は、教師の研修活動への支援です。授業をはじめとする教育活動がより効果的であるためには、①授業での教育内容やそのための教材は適切であるか否か、②また教師自身がその教授内容をより専門的に理解しているか否か、といったことを確認することが重要です。

授業は教師と生徒の緊張関係のなかで成立すると考えた教育学者・斎藤喜博（一九一一―八一）は、教師の知的教養の高さや経験的蓄積、人間としての力、優れた感覚と明確な知性などが、授業に必須の緊張関係を作り出す要素だと力説しています。[25] さらに斎藤は、教育の質に関し、「教育は質の高さを要求されるものである。質の高いものにふれ、質の高いものを追求し、質の高いものを獲得することによって子どもの質は高いものになっていく[26]」と述べています。この過程こそが子どもの成長・発達を充足していくのだと思います。

そのためにも、教師には研修が求められます。その研修について教育公務員特例法は、教育公務員は「その職責を遂行するために、たえず研究と修養に努めなければならない」（第二十一条）、さらに「教育公務員には、研修を受ける機会が与えられなければならない」（第二十二条）と規定しています。しかし、法の規定をまつまでもなく（国・公・私立を問わず）教師には教授方法や教授内容、さらには教育全般について不断の研修・研究が求められています。いわば教師の研修は、その職務に内在化された営みであり、教師の専門性を高め、子どもの学ぶ権利を実質的に担保するために職業上不可欠な営みでもあります。その研修の中核は、何よりも自主的な研修ですが、同時に研修は学校総体としての組織的かつ継続的な営みでもあります。それだけに、学校図書館が教師個人や学校全体からの求めに応じて、その研修に必要な情報を提供し、教師の研修を支援することは、当該学校の教育の質を高めることにもつながるのです。

学校図書館利用指導に対する支援

個々の教師が、学校図書館を利用した授業を展開する場合、あるいは学校図書館資料を子どもに利用させる場合には、図書館側は事前に当該教師と打ち合わせをすることが必要です。どのような教材（教育内容）をどう展開するか、そうした把握を前提に、図書館は個々の教師へ資料提供、アドバイスをすることになります。

そのアドバイスも、求める資料を提供するだけなのか、ともに授業の展開を検討しながら必要な資料を提供するのか、あるいは子どもに対する直接的な指導も求められるのかで対応は異なります。

こうした様々な事態に対応するため、学校図書館は司書教諭が中心となり、事前に指導内容を明らかにした資料を用意しておくことが大切です。

こうした教師へのレファレンス（資料提供、支援）も、求める資料が自館に所蔵されている場合はその資料を提供し、未所蔵の場合は他館から借り受けることになります。

9　レファレンスの「相互協力」について

「どんな図書館も孤島ではない」

レファレンス要求に対して適切な回答（情報）を提供できないことは、図書館担当者には残念なことです。そんなとき、子どもを「手ぶらで」帰すか、「他館から取り寄せて資料を提供する」のかは大きな違いです。「きみ（あなた）の質問、この図書館では調べられないので、他の図書館に聞いてみるから、その間ちょっと待ってね」。その一言に、子どもはきっと感激するでしょう。

できるだけ子どもの要求に応えたい。しかし、どんな図書館も必要とする資料のすべてを収集することは不可能です。資料の量的増大にもかかわらず、資料収集費と資料収蔵能力には限界があり、利用者が求める資料を自館で所蔵していないことは常に生じうることです。その際、図書館が他の図書館と連携し、未所蔵の資料を相互に提供し合うことが考えられます。これが「相互協力」といわれる活動です。その内容には、資料の相互貸借という資料提供サービスだけではなく、協力レフアレンスのような情報提供サービスがあり、さらには資料の分担収集、分担保存という業務も含まれます。こうした考え方の背後には、どんな図書館も要求のすべてを満たすことは不可能だから、個々の図書館は他の図書館群全体に対して開かれた窓口としての役割をもつべきだとする考え方があります。イギリスの図書館学者ドナルド・アーカートは、「図書館は孤島ではない(27)」と言っています。個々の図書館は、見た目にはそれぞれ独立(孤立)していますが、図書館は、機能としては「群」として存在しているのです。

学校図書館での相互協力

①学校図書館間での相互協力

こうした「相互協力」の理念をもとにして、学校図書館でのレファレンスサービスの充実を図ることができます。その学校図書館を軸にした相互協力関係には、①学校図書館相互の連携、②地域の公共図書館との連携が考えられます。

学校図書館法は、学校図書館の運営事項の一つとして、「他の学校の学校図書館、図書館、博物館、公民館等と緊密に連絡し、及び協力すること」(第四条一項五号)と規定しています。また図書館法も、図書館奉仕として「他の図書館、国立国会図書館、地方公共団体の議会に附置する図書室及び学校に附属する図書館又は図書室と緊密に連絡し、協力し、図書館資料の相互貸借を行うこと」(第三条一項四号)、「学校、博物館、公民館、研究所等と緊密に連絡し、協力すること」(同条八項)と規定しています。相互協力は、学校図書館法、図書館法に内在化されている図書館業務の一つです。

その際、学校での相互協力の相手方としてまず考えられるのは、同じ学校図書館です。学習内容が同じであり、それぞれの教育課程の展開に必要な資料を最も多く所蔵していることから、ある学習の展開に必要な資料は、同種の学校図書館が所蔵している可能性が最も高いのです。また子どもの興味・関心に対応した資料の収集に努めているので、求める資料は他の学校図書館に所蔵されている「はず」です。しかし、その学校図書館間での協力関係は、実はあまり見られません。その理由には、次のような要因があります。

・所蔵している資料が少ない。
・相互にどのような資料を所蔵しているかがわからない（目録の不備、非公開）。
・専門の図書館担当者の配置が不十分である。

相互協力は、それぞれの図書館が、自校の教育活動に必要な資料をそろえ、その足りない資料を相互貸借で補い合うことが前提です。しかし今日の学校図書館は、その「自前」の資料も不足しているのが実情です。「困ったときはお互いに」という互助的・補完的状況にない学校図書館も多数あるのです。さらに検索手段（ＯＰＡＣ）の不備・非公開、「人」の不配置などによって、学校図書館間の相互協力はいまのところ容易ではありません。特に相互協力は、人手を要することです。「人」の配置の不十分さは、相互協力を困難にさせる大きな要因になっています。

②学校図書館支援センターの構築

しかし、学校図書館を後方で支える「学校図書館支援センター」ともいうべき資源共有化を目的とした組織が構築されれば、こうした問題の一端は解決できます。教育資源の有効利用を図る観点から、学校間および地域の公共図書館などとのネットワーク化を図り、資料・情報の共有化を推進することです。学校図書館支援センターを核として、そのセンターと各学校図書館を相互に結び、「物（学校図書館資料）」と「情報」を共有化するシステムを構築すれば、学校図書館の「一館孤立型」から脱却することが可能になります。このシステムの構築には、多くの場合、地域の行政機関（教育委員など）の介在が欠かせません。地域ぐるみの「学校図書館づくり」ともいえるでしょう。

こうした支援センター事業とは別に、レファレンスサービスを共同でおこなっている事業があります。「レファレンス協同データベース（略称：レファ協）」[28]です。これは、国立国会図書館が全国の図書館などと協同で構築しているレファレンスサービスを支援するためのデータベースです。このデータベースに参加している公共図書館は四百五十五館、学校図書館も五十四館あります（二〇一八年八月十一日現在）。

③公共図書館との協力関係

前述したシステムが構築されていない場合には、公共図書館との相互協力（しかし、多くは学校図書館側の一方的な借り受けが多いのですが）をおこなうことになります。

学校図書館が公共図書館を利用する場合には、公共図書館側との事前の打ち合わせが重要です。多数の資料を借りる場合には、利用する資料名、数量、借りる期間などを事前に連絡しておくとスムーズに話が進むでしょう。また、調べ学習で多数の子どもが公共図書館を利用する場合にも、学習課題（テーマ）を図書館側に伝えておくと、そのテーマに関連した資料があるか否か、またどのくらいの冊数があるかなどを図書館側も把握しやすく、結果として密度の濃いサービスを受けることができます。

相互協力を具体化するために

その相互協力を具体化するには、検討すべき課題があります。

第一は、検索手段の確立です。個々の図書館にどのような資料が所蔵されているか、そうしたメディアの所蔵を確認するための目録の整備が欠かせません。この点、今日の公共図書館の目録は公開されています。いわゆるＯＰＡＣの公開です。しかし、学校図書館の目録の多くは非公開です。「相互協力」関係の構築を困難にしている理由の一つはここにあります。

第二は、貸借の手続きを明確にしておくことです。訪問や電話、ファクシミリ、文書、さらにはメールの利用が考えられます。そうしたことを事前に確認しておくことが必要です。

第三は、効率的な搬送システムの確立です。貸借の対象となるメディアの搬送方法（物流システム）をどうするかは課題の一つです。配送業者（郵便、宅配便など）に委託するか、設置母体が同じ学校の場合は個別の搬送システムを利用するのかなど、どのような搬送手段をとるかを事前に確認しておくことが必要になります。また資料の一部を送る場合は、ファクシミリが最も早く、簡便な方法です。いずれの場合も、搬送（送信）方法、費用負担をどうするのかも、両者で確認しておく必要があります。

おわりに

「知りたい」という気持ちは、成長・発達の始まりです。幼児が、あちらに手を伸ばし、こちらに手を伸ばすのは、その指の先にあるものに興味・関心を示しているからです。「何だろう?」、幼児はその先にあるものを知りたいのです。

こうした疑問は、学校教育での学びはもちろん、仕事にも日常生活にも、いつでも湧き起こることです。その疑問を一つひとつ解決する、いわば回答を見つけ出すことによって、次への歩みが始まるのです。「なぜ」の先にある「未知」なるものを解決し、「道」を切り開いていくのです。

その「なぜ」を自らの力で解決していく、「自ら考え、自ら調べ、自ら判断する」、そうした自立的・自主的な態度は、不確実で想定外のことが起きるかもしれない今日の社会では、「生き抜く」ためにも不可欠な資質です。「知りたいことを調べる」ことは、自己の生涯を通じた生活を担保することでもあります。ですから、子ども時代から、知りたいことを調べる方法を身に付けておくことは、学びの世界だけにとどまりません。人間が生きるかぎり、ありとあらゆる場合に役に立つのです。

そうした「力」を子どもが習得するためにも、学校図書館でのレファレンスサービスは大切なのです。「知りたい」ことを、学校図書館のカウンターを通じて解決した経験は、「知りたいことを調べることができる」という実感とともに、学校図書館と本（資料）のすばらしさを体感することになるのです。そうした経験が、子どもの自立性と自主性を育てるのです。

注

（1）前掲『図書館学序説』二三ページ
（2）日本図書館協会図書館調査事業委員会編『日本の図書館――統計と名簿 二〇一七』日本図書館協会、二〇一八年、二一ページ
（3）教育課程審議会「幼稚園、小学校、中学校、高等学校、盲学校、聾学校及び養護学校の教育課程の基準の改善について（答申）」一九九八年七月二十九日、教育課程審議会（http://www.mext.go.jp/b_menu/shingi/old_chukyo/old_katei1998_index/toushin/1310294.htm）［二〇一八年一月二十日アクセス］
（4）前掲「文部委員会会議録第十二号」一九五三年七月二十四日［二〇一八年一月二十日アクセス］
（5）「無謀な戦争」とは、「二十世紀を振り返り二十一世紀の世界秩序と日本の役割を構想するための有識者懇談会報告書」（二〇一五年八月六日、いわゆる「戦後七十年談話有識者懇談会報告書」）のなかの一節である。報告書には「日本は、満州事変以後、大陸への侵略を拡大し、第一次大戦後の民族自決、戦争違法化、民主化、経済的発展主義という流れから逸脱して、世界の大勢を見失い、無謀な戦争でアジアを中心とする諸国に多くの被害を与えた」と記されている（[http://www.kantei.go.jp/jp/

singi/21c_koso/pdf/report.pdf)［二〇一八年一月二十日アクセス］）。

（6）ドナルド・アーカート『図書館業務の基本原則』高山正也訳、勁草書房、一九八五年、一二ページ

（7）前掲「平成28年度「学校図書館の現状に関する調査」結果について」

（8）佐々木達編『新コンサイス英和辞典』三省堂、一九七六年、九六三ページ

（9）前掲『新明解国語辞典 第六版』七一九ページ

（10）前掲『広辞苑 第七版』一四五五ページ

（11）『舟を編む』は、出版社の辞書編集部で働く編集部員たちの新しい辞書を作る過程の悩みや葛藤、喜びを描いた小説。三浦しをん作で、二〇一一年に光文社から刊行された。

（12）日本図書館情報学会用語辞典編集委員会編『図書館情報学用語辞典 第四版』丸善出版、二〇一三年、一〇五ページ

（13）同書二〇三ページ

（14）井伏鱒二『黒い雨』新潮社、一九六六年

（15）原民喜『夏の花』（ざくろ文庫）、能楽書林、一九四九年

（16）関千枝子『広島第二県女二年西組――原爆で死んだ級友たち』筑摩書房、一九八五年

（17）丸木俊『ひろしまのピカ』（記録のえほん）、小峰書店、一九八〇年

（18）総務省「平成28年通信利用動向調査の結果」二〇一七年六月八日（http://www.soumu.go.jp/johotsusintokei/statistics/data/170608_1.pdf）［二〇一八年一月二十日アクセス］

（19）文部科学省「平成28年度学校における教育の情報化の実態等に関する調査結果（概要）」二〇一七年八月（http://www.mext.go.jp/component/a_menu/education/micro_detail/__icsFiles/afieldfile/2018/03/07/1399330_01.pdf）［二〇一八年一月二十日アクセス］

(20) 前掲「平成28年度「学校図書館の現状に関する調査」結果について」
(21) 前掲「平成28年通信利用動向調査の結果」
(22) 北海道立図書館「業務実務報告書（平成二十八年度）」二〇〇七年七月（http://www.library.pref.hokkaido.jp/web/publish/qulnh00000006t9-att/vmlvna0000074gd.pdf）［二〇一八年一月二十日アクセス］、北海道立図書館「業務実務報告書（平成十八年度）」（https://www.library.pref.hokkaido.jp/web/publish/qulnh00000006t9-att/qulnh00000006vo.pdf）［二〇一八年一月二十日アクセス］
(23) 文部科学省「情報活用能力調査の概要」（http://www.mext.go.jp/component/a_menu/education/detail/__icsFiles/afieldfile/2015/03/24/1356195_1.pdf）［二〇一八年一月二十日アクセス］
(24) 学校図書館担当職員の役割及びその資質の向上に関する調査研究協力者会議「これからの学校図書館担当職員に求められる役割・職務及びその資質能力の向上方策等について（報告）」二〇一四年三月三十一日（http://www.mext.go.jp/b_menu/shingi/chousa/shotou/099/index.htm）［二〇一八年二月二十日アクセス］
(25) 斎藤喜博『授業の展開——教育学のすすめ』（「斎藤喜博全集」第六巻）、国土社、一九七〇年、三一八—三二二ページ
(26) 同書三四〇ページ
(27) 前掲『図書館業務の基本原則』八一ページ
(28) 「レファレンス協同データサービス」（http://crd.ndl.go.jp/reference/）［二〇一八年八月十一日アクセス］

第4章 「学び方の学び」と学校図書館
——「コペル君」、何が正しいかを自ら考え、判断する

1 「自ら考え、自ら判断する」

「コペル君」——『君たちはどう生きるか』

コペル君が、再び脚光を浴びています。コペル君は、『君たちはどう生きるか』の主人公（旧制中学校）です。お父さんを亡くしたコペル君は、学校のことや世の中のことを叔父さんにいろいろ話し、叔父さんは、コペル君に様々なアドバイスをします。そのアドバイスを通して、コペル君に「どう生きるか」を問いかけています。

『君たちはどう生きるか』は、一九三七年七月、盧溝橋事件が起きた月に刊行されました。この事件を発端として、日中戦争が勃発した年です。著者・吉野源三郎（一八九九―一九八一）は、編集者・児童文学者・ジャーナリストで、戦後発刊された雑誌「世界」（岩波書店）の初代編集長とし

ても知られています。その名著が、八十年の歳月を超えて多くの人の心を捉えています[1]。

この時代は、軍国主義の勃興とともに「すでに言論や出版の自由はいちじるしく制限され、労働運動や社会主義の運動は、狂暴といっていいほどの激しい弾圧を受けていた[2]」時代です。叔父さんは、そうした時代にあっても、社会で通っていることに疑問をもつこと、そしていいことと悪いことを判断するときには「いつでも、君の胸からわき出て来るいきいきとした感情に貫かれていなくてはいけない（略）「誰がなんていったって――」というくらいな、心の張りがなければならないんだ[3]」とアドバイスしています。

「自ら考え、自ら判断する」――『新教育指針』（一九四六年）

コペル君が、「どう生きるか」の難問とぶつかっていたそのころ、一九四一年、わが国は太平洋戦争へと突入し、その約四年後、未曾有の惨禍のなかで敗戦を迎えました。それは自国民、自国の山川草木の被害にとどまらず、多くのアジアの人々への加害をも含めての敗戦でした。

「君たちはどう生きるか」。それは戦後、すべての国民が、改めて突き付けられた問題でした。学校では墨塗り教科書が登場し、それまでの価値観の大転換が図られました。「これからどうしたらいいのだろう」と、多くの国民が途方に暮れていました。昨日まで「神風」を教え、「をろち」を教えていた教師も、「神国」の崩壊のなかでどのような子どもを育てるべきなのか、次代を描ききれないでいました。

そのとき、戦後教育の方向性を示した『新教育指針』（文部省編）という文書が出されました。

敗戦の翌年一九四六年です。そのなかで、注目すべき次のような一節があります。

〔そのため：引用者注〕教育においても、教師が教えるところに生徒が無批判的に従うのではなく、生徒が自ら考え自ら判断し、自由な意思をもって自ら真実と信ずる道を進むようにしつけることが大切である。このようにしてはじめて、（略）「民主主義の徹底」も「公民教育の振興」もできるのである。[4]

この記述のすぐ前には、戦前の思想・言論統制、教育統制、そしてその法的措置としての治安維持法をはじめとする弾圧立法とその法制を担保した特別高等警察（特高）、そうした法と制度が国民の批判的精神を失わせて国家権力の恣意的な為政を許したという、次の指摘があります。

政府は、憲法に保障されているにもかかわらず、言論や思想の自由その他人間の大切な権利を無視して、秘密警察や、拷問を用い、国民は政治を批判する力を失い、「お上」の命令には文句なしに従うようになった。（略）このような態度があったればこそ、無意味な戦争の起るのを防ぐことができず、また戦争が起っても政府と国民との真の協力並びに国民全体の団結ができなかったのである。[5]

こうした反省をもとに『新教育指針』は出され、新しい子ども像が提示されました。それが「自ら考え自ら判断」できる子どもでした。この「自ら考え自ら判断」できる子ども像は、それまでの子ども像を百八十度転換したものです。コペル君が中学の上級生になったころの一九四一年、わが国は国民学校令に基づいて国民学校を設置しましたが、その国民学校は「皇国ノ道ニ則リテ初等普通教育ヲ施シ国民ノ基礎的錬成ヲ為ス」（国民学校令第一条）ことを目的としていました。「皇国ノ道」の修練に子どもを向かわせていた時代です。何が正しいのか、何が善なのか。こうした問いに子どもが「自ら考え自ら判断する」ことは認められませんでした。「正解」は、国から所与のものとされていたのです。

しかし人間は、「元来、何が正しいかを知り、それに基いて自分の行動を自分で決定する力を持っている」、「僕たちは、自分で自分を決定する力をもっている」[6]。これはコペル君が、友人が暴力を受けていたのを助けることができずに、深い後悔の念に苛まれていたとき、コペル君に宛てられた叔父さんからの手紙の一節です。人間は、「自ら考え自ら判断」する力をもっているのです。

そして、『新教育指針』の二年後に出された文部省編『学校図書館の手引』では、学校図書館の役割を九点述べています。その六番目の意義は、次のようになっています。

学校図書館の蔵書は、生徒の持つ問題に対していろいろの考え方や答えを提供する。――かりに、教室の学習において、教師から一つの問題に対してただ一つの解決しか与えられないとするならば、生徒は自分自身でものごとを考えることを学ばないであろう。生徒たちにとってたいせつなことは、問題を理解するに役立つ材料を学校図書館で見いだし、これを最も有効に

使い、自分で解決を考え出して行くことである。このようにして、かれらは、批判的にものを解決する態度を養うであろう。(7)

「教師から一つの問題に対してただ一つの解決しか与えられない」教育を担保したのは、国定教科書でした。だから今後は、「問題を理解するに役立つ材料を学校図書館で見いだ」すことが大切だという指摘です。学校図書館を利用して、そこで見いだした「材料」(資料)を「有効に使い、自分で解決を考え出して行く」、そうした営みが子どもに「批判的にものを解決する態度を養う」ことにつながるという指摘です。批判的に物事を見つめるには、情報との向き合い方が大切であり、かつ学校図書館資料は、そうした情報の重要な一部なのです。敗戦直後に出された文部省の文書に、すでにこうしたことが記されていました。

クリティカル・シンキング(critical thinking)

こうした考えは、近年の教育の重要テーマである「生きる力」の育成とも関連しています。次期学習指導要領を解説した文部科学省のパンフレットでは、「生きる力」を、知識基盤社会の到来のなかで求められる「力」として、次のように説明しています。

これからの社会を生きる子どもたちは、自ら課題を発見し解決する力、コミュニケーション能力、物事を多様な観点から考察する力(クリティカル・シンキング)、様々な情報を取捨選択で

きる力などが求められると考えられます。(8)

クリティカル・シンキング（critical thinking）。critical には「批判的な」、thinking には「判断、意見、思案、思考」などの意味があるので、(9) critical thinking とは、物事や情報を無批判に受け入れるのではなく、多様な観点から分析・検討し、論理的・客観的に理解することと解することができます。情報をうのみにしないで、多様な情報を比較・検討しながら自分の考えを確立していくことです。ですから「生きる力」には、事物や物事を「批判的」に分析・検討するという思考方法が内在化されているのです。

それだけに、クリティカル・シンキングは、情報の向き合い方と深く関わっています。情報の入手から始まり、分析、加工、発表する一連の営みは、本章のテーマに即していえば「学び方の学び」です。そして、その「学び方の学び」は、学校図書館とも深く関わっています。学ぶためには、様々な知識や情報が不可欠ですが、その点、学校図書館は学校での知識や情報の集積体です。その意味で、学校図書館は子どもの学びと育ちを支える学校での「知識や情報の宇宙」ともいえます。しかし、その集積体としての宇宙から、自己に必要な知識や情報を適切に検索・入手するには、事物や物事を判断し分析できる資質（「情報に対する能動的・主体的」資質）が必要です。そうした資質の育成は、学校図書館では長い間「利用指導」と称されてきた分野で、「学び方の学び」は、この利用指導と深い関わりがあります。叔父さんが、コペル君に伝えた言葉――人間は、「元来、何が正しいかを知り、それに基いて自分の行動を自分で決定する力を持っている」――その「力」は、コペル君がどのように情報と向き合うのかとも深く関わっています。

しかし多くの概念が、時代とともに内容を変化させてきたように、利用指導という概念も、時代のなかで変遷してきました。図書館資料を検索する際の「学習技術」、情報化社会に対応できる「情報処理技術」、そして自ら学び考える子どもの育成と関わった「学び方の学び」。利用指導概念は、時代の流れのなかで大きくその内容を転換させてきました。

本章では、学校図書館と関わったその「学び方の学び」がどのように捉えられてきたのか、利用指導概念の変遷を軸に、時代背景をも素描しながら論じていきます。そして、その「学び方を学ぶ」ことは、本書の第1章で論じた子どもの「成長・発達の権利」(学習権)を担保することでもあるのです。

2 「学び方の学び」——学びの質的転換を生み出す

情報に対する能動的資質——「学び方の学び」

「学び方の学び」は、この社会がどのような資質・能力をもった子どもを育てるかと関わる課題で、それだけに子どもの成長・発達と深く結び付いています。例えば二十年前の一九九八年の教育課程審議会答申に、次のような指摘がありました。

これからの学校教育においては、これまでの知識を一方的に教え込むことになりがちであった教育から、自ら学び自ら考える教育へと、その基調の転換を図り、子どもたちの個性を生かしながら、学び方や問題解決などの能力の育成を重視するとともに、実生活との関連を図った体験的な学習や問題解決的な学習にじっくりとゆとりをもって取り組むことが重要であると考えた。[10]

あるいは、さらにその約二十年前、高度経済成長が終焉した一九七六年、あらたな教育像を求めて出された教育課程審議会答申（七六答申）[11]があります。その答申でも、冒頭で「自ら考え正しく判断できる力をもつ児童生徒の育成」を掲げていました。答申の十日後に、当時の審議会長はある新聞の論壇に、答申のねらいを次のように説明しています。

教える側からの一方的知識伝達に終始するのをやめて、教わる側が与えられた知識を基にして、自分で考え直し、判断をする余裕あるものに改める。[12]

これら二つの答申の核心は、「知識を教え込む教育」から「自ら学び自ら考える教育」への転換です。「一方的知識の伝達」から「自分で考え直し、判断をする」教育への転換です。

それは定量的知識や情報の記憶・蓄積に主眼が置かれた教育からの決別であり、そのためには「学び方や問題解決などの能力の育成」が重視されるという指摘、つまり「学び方の学び」の重要性の指摘です。

こうした教育への転換を図るには、基礎・基本の習得をもとに、子ども自らが情報を収集し、その情報を分析・加工し、新たな情報（価値）を生産・発表するという、情報に対する能動的資質を育てることが大切です。例えば、課題の設定をもとに――。

・解決の方向性を定め、解決方法を計画し、解決に必要な情報を入手する…「情報の入手能力」。
・入手した情報相互の関連性を分析・加工し、新たな情報を見いだす…「情報の生産能力」。
・その結果を適切な言語（図表を含む）を用いて外部に表出する…「情報の表現能力」。

こうした能力（資質）を育てることによって、子どもを「自ら学び自ら考える」「自分で考え直し、判断をする」主体へと育てていくことができるのです。学び方の転換は、子どもの可能性と未来を切り開いていく「カギ」でもあるのです。

またこうした資質を通して、興味を喚起し、疑問を解決し、新たな世界や未知の分野への探究心を育てることが可能になるのです。さらにその「情報に対する能動的・主体的」な資質は、子どもを情報の被注入者たる地位（客体）から、情報の創造者たる地位（主体）へと転換させる要因でもあります。「学び方の学び」は、そうしたことと深く関わっています。そして、「学び方」のありようは「学ぶ内容」の豊かさにつながり、「学んだ内容」の豊かさが新たな学び方を生み出していきます。「学び方」と「学ぶ内容」は、循環関係を形成し、学びの質的転換を生み出していくのです。

『学校図書館の手引』――戦後初の「学び方の学び」の指摘

「学び方の学び」の指導は、学校図書館の基本的任務の一つです。それは教育に内在する「教え、育てる」ことに起因しています。学校図書館は、資料を提供するだけではなく、その資料を自己の学びと育ちに利用できる子どもを育てることも重要な任務なのです。

こうした考え方は、早くも戦後の教育改革のなかに見ることができます。前述の『学校図書館の手引』がそれです。戦後三年目の一九四八年に文部省が編集した学校図書館に関する手引書で、「日本の学校図書館の歴史は、この書の公刊とともに、国民のものとなった[13]」と称される文書です。その文書に、「学び方の学び」に言及した部分があります。「学校図書館の運用」を記述した章（第四章）で、「図書および図書館利用法の指導」を解説した部分です。その部分を次に引用します。

これまでの学校教育では、生徒も教師も教科書だけで手いっぱいで、学習のためによい参考書を読むことも、これを紹介することも、その余裕がほとんど与えられていなかった。（略）いろいろの参考書を生徒に知らせてその利用法を教えるまでの指導は、ほとんど行われなかったのである。まして図書館を利用する方法を訓練するようなこともなかったのであるが、しかし、新しい学習形態においては、生徒が教科書以外のいろいろの図書を調べ、さらに図書館などもできるだけ活用して行くようにならなければならないのであるから、そのためには、図書および図書館利用法の一般について、相当の指導が必要となって来る。[14]

『学校図書館の手引』に記されたこの部分は、戦後の学び方の必要性の指摘としては最初のものです。さらにその具体的指導事項として、図書館の機能と利用、分類と図書の排列、カード目録、辞書および百科事典（いわゆる参考図書）などを列挙していました。[15]

『図書館教育』

こうした図書と図書館利用法に関する指導は、戦後「図書館教育」と称され、一九五二年には『図書館教育』というタイトルの文献が出版されています。これは、学者や現場の研究者によって書かれた民間版の手引書ともいうべき性格の書で、そのなかに学習活動を可能とする学習媒体として図書（館）資料が登場しています。その部分を次に紹介します。

児童生徒は、その必要に応じて、教科書以外にも、もっと多くの図書資料を利用しなければならない。かれらの生活学習に必要な資料は、すでに世の多くの図書の中に提供されている。それらの中から、かれらにとってもっとも適切なものを選び、それを利用して直接に自己を実現する技術を学ばなければならない。[16]

この書で示された図書館教育（library instruction）とは、「児童生徒に、いかにして図書を活用するか、いかにして図書館を利用するかを指導」する教育と意義づけられ、図書館教育の「領域」として、概略、次の二点を述べています。

①図書と図書館の利用法で、その意味において図書館教育は、学習の基礎能力を発達させる道具教材としての位置を占める。
②図書館教育の場は、すべての学校教育の場にわたる。それは教育課程のすべての学習活動に関連する。[17]

図書館教育とは「学習の基礎能力を発達させる道具教材」であるという指摘は、この時期とても新鮮な学校図書館観でした。「道具」の使い方の善し悪しは「作品」の出来具合を決める大きな要因の一つですから、「道具教材」としての図書館教育のありようは、「教育課程のすべての学習活動」を左右することになるという指摘はもっともなことです。

前述した『学校図書館の手引』の作成に関わった阪本一郎（東京学芸大学教授）は、後日ある講演で、学校図書館が必要となる理由を、教科書中心、教師中心の教育からの転換の必要性を訴えた後に、次のように述べています。

こうした教科書中心や教師中心の仕方をやめて、乗り換えて、子供達に生徒に自分から進んで資料を探しださせる、自分から進んで問題を取りあげ、その問題を自分の力で解決して行くという風ないわゆる自発的な学習、自発的な自己教育、それをやらせて行くのが新しい学校の行き方であり、又、新しい教育の中心になっている問題であります。ここに学校図書館が必要となって来た訳であります。[18]

子どもが、自分から進んで資料を探し、自分から進んで問題を取り上げ、その問題を自分の力で解決していく。こうした教育を実践するには、図書および図書館の「使い方の教育が是非必要になってくる」[19]と述べています。自ら資料を検索し解決していくためには「道具」の使い方（「学び方の学び」）が大切だという指摘です。そして、こうした指摘の背後には、戦前の教育への深い反省が込められています。阪本は別の論文で、戦前の教育について次のように述べています。

教育形態も、「随順帰一」に置かれた。すなわち教師の教えるところは絶対であって、その一人に無条件で従わなければならないという形が強調された。しかも教師の教えるところは、国定の教科書と、その教師用書とにきびしく限定されていた。このような事態では、学校で、国定教科書以外の図書を読むなどということは許されるはずがなかった。[20]

「随順帰一」。こうした教育にあっては、「皇国民」としての使命を果たすことが求められ、それに反する教育内容に「異」を唱えることは許されず、思考はその時点で停止を余儀なくされました。この意味で、先に引用した「道具」を使って、自ら資料を検索し、自ら分析・加工することは、教師の「絶対」的な指導に「無条件」で従うことを余儀なくされた教育からの解放であり、かつ皇国民教育からの脱却をも意味しています。それだけに、資料の多様性、そして「道具教材」としての図書館教育は「自ら考え、自ら判断できる」子どもを育てることにつながり、ひいてはわが国の民主主義を支えることにもなるのです。そう考えると、『学校図書館の手引』に述べられた次の一節（前述）には、大きな意味が込められています。

新しい学習形態においては、生徒が教科書以外のいろいろの図書を調べ、さらに図書館などもできるだけ活用して行くようにならなければならないのであるから、そのためには、図書および図書館利用法の一般について、相当の指導が必要となって来る。(21)

子どもが、「教科書以外のいろいろの図書を調べ、さらに図書館などもできるだけ活用し」ものごとの是非を調べ判断していく。それは新たな歴史の一ページを開くに等しいことでした。世の中で何が起きているのか、その様子も原因も、所与の教科書以外の資料を利用・分析し、判断していくことは、国定教科書を唯一の教材とした戦前の教育では考えられないことでした。

自主性や創造性を重んじ、さらには民主主義社会の形成者としての子どもを批判的精神に満ちた健全な国民に育てること。そして新しい社会を構築するには、子どもが多様な情報に触れながら、自らに必要な情報を入手する技術を身に付ける必要がある、ということ。こうした認識が、教育における学校図書館の利用の仕方、情報検索「技術」の習得の重要性を軸とした「学び方の学び」という分野を生み出したのです。

こうした「前史」を受けて、一九五三年に制定された学校図書館法は、その第四条に「図書館資料の利用その他学校図書館の利用に関し、児童又は生徒に対し指導を行うこと」（第四項）と規定しました。いわゆる学び方の指導です。そしてこのことは、今日の教育にも通じることです。自ら調べる「道具」をもつことは、自立的・自主的な子どもが育つための大事な要件です。「民主主義の発展には、国民が思慮深く、英知あることが前提[22]」ですが、そのためにも、「道具」としての「学び方の学び」を子どもたちが身に付けておくことが大切なのです。

教育政策の転換——「高度経済成長」への対応

しかし当時、こうした「図書館教育」を支える条件は不十分でした。学校図書館法（一九五三年）が提出された際、その提案理由[23]によると、学校図書館の設置状況は、高校は八七％に達していましたが、小学校・中学校は、それぞれ約四九％、五三％にすぎず、学校図書館費の約九〇％はPTAの寄付または児童・生徒、職員の労力によって得た資金でまかなわれていました。そして「人」（司書教諭）は、今後養成するという状況にありました。

加えて、学校図書館法が成立する前後から、わが国の政治は大きな転換を始めました。冷戦体制の激化、占領体制からのわが国の独立、「逆コース」といわれる戦後政治のなかで、わが国の教育も大きく変化を遂げ始めました。他方、特需景気を機に、わが国の経済も成長へと向かい始めました。「もはや戦後ではない」（経済企画庁『経済白書』、一九五六年）という状況下、一九五八年に新たな教育像を目指して学習指導要領が改訂されました。

わが国のこうした転換は、何よりも経済政策に顕著に現れました。その学習指導要領改訂の二年後（一九六〇年）には「所得倍増計画」（池田内閣）が発表され、高度経済成長が本格化していきました。そのため、この時期の教育では、高度経済成長を支えるために、科学技術立国を担う人材の育成が求められるようになりました。一九五七年、前述の学習指導要領の改訂に先立って開かれた教育課程審議会で、当時の文部大臣は「新しい科学技術をじゅうぶんに身につけた国民の育成」が重要だとし、次のような挨拶をしています。

今日の原子力時代、産業のオートメーション化時代に対処して、わが国産業・経済の振興をもたらす基礎は、国民の科学技術水準のいかんにかかわっていると申しても過言ではありません。小・中学校の義務教育にいたしましても、科学技術教育の充実を図り、この方面に実力のある国民の育成につとめなければならないと存じます。[24]

「わが国産業・経済の振興」が教育の重要課題に登場し、それを支える人材育成政策（マンパワー政策）が強調されるようになりました。また、一九五八年の学習指導要領改訂を契機に、教科指導は、生活経験的学習から知識の系統性を重視する系統的学習へと転換しました。戦後教育を主導した「新教育」は、問題解決学習を教育の中心に据え、子どもの直接的・日常的経験の積み重ねによって客観的な知識や科学的・抽象的概念をも獲得できると考えていました。しかし、その直接的・日常的経験は、学習への興味・関心を抱かせる動機にはなっても、それがそのまま客観的・科学的概念や知識には転化できないのです。[25]そのため「科学的・系統的知識の教育を軽視した」と批判され、「新教育」は退場を余儀なくされました。

一九五八年の学習指導要領の改訂は、そうしたなかでおこなわれました。この学習指導要領の改訂によって、基礎学力の充実を図るために授業時数が増加しました。教育内容が過密化した学校では、それを「消化」するために早すぎる授業が展開され、その授業は「新幹線授業」などと揶揄され、一方的な詰め込みは「落ち零れ」「七五三教育」を生み出すことになりました。

「指導しなければならないことが多すぎるんですよ。あの指導要領にあることを、教師がまともに扱っていたら、もうそれだけで、児童も教師も疲れ切ってしまう」[26]。当時、文部省から出された学校図書館の機能論（教材センター論）に関するある座談会で、全国学校図書館協議会事務局長・松尾弥太郎が、当時（一九五八年改訂）の学習指導要領に関して述べた発言です。またのちに、全国学校図書館協議会事務局長となる笠原良郎（当時は事務局次長）も、ある論文のなかで次のように述べています。

〔学習指導要領の実施によって：引用者注〕戦後積みあげられてきた学校図書館等を活動の場として行われる自主的学習や資料利用学習はしだいに消え去っていくことになる。つまり、系統学習の名のもとに教師による一斉画一のツメコミ教育が再び大手をふって全国の学校に広がっていったわけである[27]。

学校は、教科書に書かれた知識の詰め込みで精いっぱいになり、受験競争の激化は、そうした傾向に拍車をかけました。学校図書館を利用することなく授業は進められました。そこには、「学び方の学び」を指導する余地はなく、その必要性の認識も希薄化していきました。もちろん、「人」が配置されていない学校図書館は、そうしたことへの傾斜を加速化させていきました。

3　情報の検索、処理技術と結び付いた「学び方」

情報化社会への対応――「情報処理技術」

学校図書館資料の多くは、物理的実体としての「モノ」ですが、その「モノ」に内包されている「コンテンツ」に注目し、そのコンテンツを「情報」と捉える考え方は、情報化社会の到来、発展と深く関わっています。

情報化社会は、通信技術とコンピューターの飛躍的な発達を背景として登場した社会で、膨大な量の情報が社会に流出し、知識や情報が他の物質的な財（あるいは資本）に代わる価値をもち、情報が行動を左右し、情報が社会を動かすなど、情報への依存度がきわめて高くなる社会です。その情報は、世の中に満ち溢れています。このような社会では、「情報洪水」に溺れず、必要な情報を入手し、その情報の妥当性を判断（分析・加工）し、学習や日常生活に活用することが求められます。情報を受け取ってはき出すという情報受動者としての姿ではなく、入手した情報をもとに新たな情報を生産・発表するという情報能動者としての姿です。情報化社会を生きる子どもたちには、そうした積極的な資質・能力の育成が求められてきました。

わが国が情報化社会に入るのは一九七〇年代になってからですが、その情報化社会の「扉」が開かれた七〇年に、文部省から一冊の手引書が出されました。『小学校における学校図書館の利用指導』[28]がそれです。本書は、六八年に改訂された小学校の学習指導要領に初めて登場した「利用指導」について、その目標、内容、指導の実際などを解説しています。また、利用指導の内容（主題）を十八項目に区分けし、そのうち、知識・情報を軸に①知識や情報の検索方法に関する内容、②知識や情報の処理方法に関する内容の二つに区分しています[29]。知識や情報の処理方法について述べたものです。図書館資料を利用して知識や情報を検索し、知識や情報の処理方法について述べたものです。そして、そのねらいを次のように説明しています。

〔情報化社会に成長し、学習を行う子どもたちが：引用者注〕、情報という概念を理解し、必要に応じ自己の学習および日常生活に役だつ情報を迅速・的確に検索・活用しうる知識・技能・態度を習得することにある。[30]

さらに同書は、その利用指導の「究極的なねらい」は「生涯にわたる自己教育を支える学習技術（スタディ・スキルズ）とか、あらゆる教科等の学習において必要とされる情報の検索・組織化・処理の能力などを育成することに存する」[31]と述べています。この時期、「情報」と関わった図書館資料（図書館）との向き合い方が、利用指導の中核的事項として登場してきたのです。

同様の認識は、文部省以外の文献にも見ることができます。『学校図書館の利用指導の計画と方法』（全国学校図書館協議会）がそれです。同書では、情報としての図書館資料の検索・処理方法を軸に、利用指導の領域を十三項目に整理し、それらを指導する担当学年と指導項目を明らかにした「学校図書館の利用指導体系表」を発表しました。そうした認識を示すにいたった背景について、次のように述べています。

現在は情報化時代といわれるが、われわれはさまざまな媒体を通じて、知識・情報を得ることができる。と同時に、そのなかから必要なものを選択し、活用する能力が身についていないと、多量の情報にふりまわされたり、圧倒されたりする結果になりかねない。（略）したがって、資料や図書館を利用するための基礎技術を指導する利用指導は、大量化しつつある情報に処するための基礎技術を養うことにつながる。[32]

「資料や図書館を利用する」基礎技術が、「大量化しつつある情報に処する」ことに連動する、と指摘しています。利用指導が、図書館（資料）利用の「学習技術」だけでなく、情報化社会に対応した「情報処理技術」と結び付けて論じられるようになったのです

情報化社会は、情報機器、とりわけコンピューターの開発・普及と同時進行してきたこともあって、学校教育の施策もコンピューター社会への対応を軸に進められてきました。しかし、教育での情報化への対応は、そのままコンピューター化することと同義でありません。情報化社会で求められる人間像は、前述のように、情報の一方的受領者としての姿ではなく、情報を選択的に入手し、

それに分析・加工を加え、新たな情報（価値）を創造するという情報発信者としての姿です。こうした資質・能力の育成は、教育がもつ総合的な力によってなしうることです。学校図書館は、そうした資質・能力を育成する有力な教育環境として位置づけられ、学校図書館を通した「学び方の学び」が重要視されるようになったのです。

利用指導の実態

しかし当時、現場での利用指導はどうなっていたのか、その実態を調査したある研究結果があります。一九七三年に実施された全国の中学校の実態調査[33]によると、利用指導を実施している割合は四六・五％、実施していない割合は五一・四％となっています。また実施していない理由として、時間が取れない：六一・八％、適任者がいない：三二・二％、学校にその雰囲気がない：二五・六％、指導方法・内容がわからない：二一・一％、などとなっています。他方、指導内容の具体例についても、分類と配列：六八・九％、辞書・事典・索引類の利用：六六・七％、年鑑・統計類の利用：五四・四％などの情報検索的事項も含まれていますが、図書の構成と取り扱い方：六四・四％、学校図書館の概要：五九・四％、図書館道徳と読書衛生：五五・〇％などの利用案内的事項が中心をなしていて、情報化社会を見据えた利用指導にはなっていないことがわかります。

この調査は一九七三年のものですが、それから約十年を経た八二年におこなわれた利用指導の実態を実証的に研究した論文があります。[34]全国の小・中・高校から各千校（合計三千校）を抽出しておこなったアンケート調査です（回収率約五五％）。利用指導の実施状況は、小学校：九七・三％、中学校：八一・八％、高校：九〇・七％であり、かなり普及していることがうかがえます。しかし、「指導内容」に関する結果を各学校で実施している割合の合計から見ると、上位二項目は、「望ましい読書習慣を身につける」「集団で読書などの活動を楽しむ」であり、「国語辞典・漢和辞典などの利用」がその後に続いています。情報検索的事項の指導が依然として不十分であることがうかがえます。

学習指導要領で利用指導が明文化され、文部省から「手引書」も出されましたが、現場での実践は十分とはいえません。この当時、何よりも指導すべき「人」（司書教諭など）の配置が不十分でした。しかし、十年の経過には、それなりの成果も見られるようになりました。

4　「学び方を学ぶ」指導としての利用指導——一九八〇年代から

「自ら学ぶ力」「自ら考える力」

情報化社会に対応した情報の検索、処理能力の重要性と並行しながら、一九八〇年前後から、社会の変化に自ら対応できる子どもの育成が強調され、「自ら学ぶ力」「自ら考える力」、あるいは「自己教育力」を有した子ども像が模索され始めました。

「自ら考え正しく判断できる力」「自ら考える力を養い創造的な知性と技能を育てること」の重要性を述べた「七六答申」（教育課程審議会答申、一九七六年）は、そうした子ども像を提起した初期の文書ですが、この答申を受け取った当時の文部省の責任者（文部事務次官）は、のちに教育系雑誌の座談会で、次のように発言しています。

子どもというのを教師がつくるわけにはいかんのですね。どうしても自分で勉強するということがなければ、子どもは大きくならんわけでしょう。（略）子どもが学ぶことが教育だというふうに考えなければならない。で、結局、そこで出てくるのは、子どもが学んだ結果ですね、教師が伝えた結果ではないので、子どもがそれを自分の力として学んだ結果である、こう考えなければいかん。そうすると、教育というのは子どもの自ら学ぶ力が教育だというように、教育の基本的な立場というものを考えないわけにはいかんだろう、私はいま、そう思っておるのです。(35)

教師中心から子ども中心へと「教育の基本的な立場」を転換する必要があるという指摘です。そして、学校教育法にも規定された「思考力・判断力・表現力」を身に付けた子ども像の提起は一九八〇年ごろからです。その点に関し、一九八七年の教育課程審議会答申では、次のように述べています。

これからの学校教育は、生涯学習の基礎を培うものとして、自ら学ぶ意欲と社会の変化に主体的に対応できる能力の育成を重視する必要がある。そのためには、児童生徒の発達段階に応じて必要な知識や技能を身に付けさせることを通して、思考力・判断力・表現力などの能力の育成を学校教育の基本に据えなければならない。(36)

「思考力・判断力・表現力」などの能力の育成と関わり、「何をどのように学ぶかという主体的な学習の仕方」の重要性をここでは指摘しています。またその一年前の一九八六年の臨時教育審議会第二次答申(37)では、自己教育力の育成と関わり「創造力・思考力・判断力・表現力の育成」の重要性を述べ、こうした力をもった子どもを育てるために、「自発的に問題を解決し探求する学習の方法を重視すること」と述べています。「学習の方法」、つまり「学び方の学び」が重要だと指摘しています。

一九八〇年代には高度経済成長が終焉し、新たな社会像が模索されていた時代です。教育でも、知識の注入に傾斜したそれまでの教育の反省が求められ、「社会の変化に主体的に対応できる能力の育成」（教育課程審議会答申、一九八七年）が大きな教育のテーマに登場してきました。

こうした教育のあり方の変化に伴い、この時期「自ら学ぶ力」の育成は、学校図書館の主要なテーマでもありました。次に、この頃の全国学校図書館研究大会の研究主題を紹介します。

- 「学校教育の今日的課題にこたえて、自ら学ぶ力を培い…」（一九七六年、岐阜大会）
- 「自ら学ぶ力を育てるため」（一九七八年、佐賀大会）
- 「自ら学ぶ力を育てるための学校図書館の役割…」（一九八〇年、盛岡大会）
- 「自ら学び考える子どもを育てよう」（一九八四年、山口大会）

・「自ら学ぶ力を育てる学校図書館」（一九八六年、那覇大会）
・「自己教育力を育てる学校図書館」（一九八八年、札幌大会）

しかし、子どもが「主体的」に対応できるようになるには、自らの内に「思うこと、考えること」が醸成されなければなりません。それは、「自ら考え、自ら判断」できることと同義です。そのためには、知識や情報の一方的受容ではなく、自ら知識や情報を検索し、それを分析・加工し、発信（表現）する資質・能力が必要です。こうした資質・能力を育成するには、「どのように学ぶか」という学び方の再検討が不可欠なのです。

教授・学習方法の転換と「学び方の学び」

「学び方の学び」の再検討は、「教授・学習方法の転換」とも関わっています。前述のように、一九九八年の教育課程審議会答申では、「知識を一方的に教え込むことになりがちであった教育から、自ら学び自ら考える教育」への転換を提起していました。「教授・学習方法の転換(38)」です。さらにその約二十年前の七六年の七六答申でも、「これからの学校教育において」は、「自ら考える力を養い創造的な知性と技能を育てること」の重要性が指摘されていました。この七六答申の二年後に、同審議会長は、学校図書館関係者が参加したある座談会で、次のような発言をしています。

今の学力というのは、与えたものをどれだけ消化しているか、それだけをテストしようという気持ちが多いんじゃないですか。つまり受け取ってはき出すだけでしょう。およそ無駄ではかばかしいことなんでね（略）。それを今度考える力、発見する喜びを持たせようじゃないか、と私どもは言っているんです。[39]

「自分で考え直し、判断を下す」「考える力、発見する喜び」。こうした言葉は、高度経済成長期のマンパワー政策のなかでは出てこない言葉でした。そして、これらの教育観は学校図書館にも変革を迫りました。学校図書館は資料があれば事足りるわけではなく、子どもが自ら情報（資料）を獲得し、その獲得した情報（資料）を駆使して学習に立ち向かう、あるいは自分の疑問や興味を解決する、そうした営みのなかで、自分で考え、自ら学び、自己形成を図っていく。そうした学びと育ちを担保する学校図書館が求められるようになりました。

こうした考え方は、一九七〇年前後に学校図書館の機能論として論議されていた「学習センター」の理念とも符合します。「学習センター」とは、それまでの学校図書館（「資料センター」「教材センター」）は、図書館資料という「モノ（メディア）」の面で捉えられていましたが、それを「働き」の面で捉えようとするなかで登場した新たな学校図書館像です。こうした図書館観は、「もっと日々の教養の学習に直接関連して、情報を検索したり、調査したり、データを集めたりすることに学校図書館を積極的に使うべきである。こういった活動的なイメージを描く[40]」なかで登場してきた考えです。それは、学校図書館が学びと育ちを支える学習環境であるということを意味しています。このような新しい考えのもとで、そうした学校図書館は、「知識を教え込む教育」から「自ら学び自ら考える教育」への転換を根底で支えることになるのです。

「学習方法の民主主義」と「学び方の学び」

①「学習方法の民主主義」と学び方

実はこうした指摘は一九八五年、学校図書館関係者からも提起されていました。全国学校図書館協議会提言委員会が出した『学ぶものの立場にたつ教育を』という一冊の教育改革に関する提言書がそれです。そのなかで、これまでの教育は、「政治的立場からの教育論も、国民的立場からの教育論も、立場こそ違え、共通して一定の内容を教えることが教師の仕事だという明治以来の教育観から自由になることができず、学ぶ子ども主体の教育観にたって教育をとらえ直す視点を欠落させてきた」と述べ、次のように続けています。

私たちが忘れてならないことは、いまなお学ぶ主体不在の教育観が根強く生き続け、いい内容を教えることが大切だという「学習内容の民主主義」は強調されても、何が真実かを学び手自身に追究させ、発見させることを大切にしようとする「学習方法の民主主義」が、学校教育にはなおほとんど根を下ろしていないという事実である。[41]

学習者自身が、自分で「何が真実か」を追究・発見することなしに、「自ら考える力」の育成はありません。自らが情報を検索・入手、分析・加工、そして発表する術（学び方）を身に付けることが必要です。「学習内容」の豊かさは「学習方法」のありようと結び付いています。「学習方法の民主主義」は、学び方と深く関連しているのです。

「学び」という営みは、情報の獲得と不可分です。先生の話を聞く、教科書を読み理解する、資料を読み、調べ、話し合う。これらはみな情報の獲得です。それは一方通行の情報の流れではなく双方向の流れをも含む情報の獲得です。また情報の多くは、「言葉」を介していますが、その言葉は、一人でものを考えたり感じたりする場合にも無意識に使用していて、自己とのコミュニケーションの媒介にもなっています。情報は、他者から入手すると同時に、自己に向かって発せられ自己を思考させるのです。

こうした情報の入手を出発点として、その情報を既知の知識や情報をもとに分析・加工し、新たな情報を再生産する。それが学びの過程での主要な部分です。すなわち、新たに入手した情報を、これまでに入手した情報と比較して「あれこれ」検討し、妥当性や真偽を吟味してみる。その結果として新たな情報が自己の内に再生産され、文章や発話などによって他者に伝えられる。こうした過程が学びの過程の中心だといえます。

このように学びとは、自己の内に様々な情報を取り込みながらおこなわれる営為です。そのためにも、情報に対する主体的・能動的態度が必要なのです。それは「情報リテラシー」を駆使することと近似しています。

②情報リテラシー――「学び方を学んだ人」

その情報リテラシーと関わり、アメリカ図書館協会（ALA）情報リテラシー会長諮問委員会最終報告書に興味深い指摘があります。同報告書では、情報リテラシーの定義と関連し、次のような解説がされています。

情報リテラシーとは、〝情報が必要であることを認識し、必要な情報を効果的に見付け、評価し、利用する能力〟であり、情報リテラシーを身に付けた人々とは、〝知識の組織のされ方、情報の見付け方、情報の利用の仕方を知っている〟、いわば〝学び方を学んだ人々である[42]〟。

情報リテラシーに関するこの定義（「情報が必要であることを認識し、必要な情報を効果的に見付け、評価し、利用する能力」）は、ＡＣＲＬ（The Association of College and Research Libraries、大学研究図書館協会）が策定した「高等教育のための情報リテラシー能力基準」（二〇〇〇年）の定義にも使われています。そしてその「能力基準」では、「不確かな質で、量も増えつづける情報が、社会にとって大きな問題をもたらしている。極めて多くの情報を持っていたとしても、それを効果的に利用するための能力がなければ、情報に通じた市民ということにはならない[43]」と述べ、続いて次のように述べています。

情報リテラシーは、生涯学習の基礎をかたちづくるものである。それは、すべての学問領域、すべての学習環境、すべてのレベルの教育に共通である。情報リテラシーによって、学習者は、学習内容を習得し、調査を展開でき、さらに自立的になれ、自らの学習をしっかり管理できる

ようになる。(44)

こうした指摘は、学校教育での情報リテラシーの重要性をも指摘しています。ですから、アメリカ図書館協会の報告書の「情報リテラシーを身に付けた人々とは（略）、〝学び方を学んだ人々である〟」という指摘は、情報リテラシーと「学び方の学び」は一体であることをも示しています。そして、ここでいう「学び方を学んだ人々」を学校教育に引き付けて捉え直すなら、自己に必要な情報を自らの力で検索・入手し、その情報を分析・加工、利用できる力を習得した人ということになります。

こうした学びの内実化を図るには、情報との向き合い方を軸とした「学び方」の再構築が重要になってきます。そのためにも、学校教育で多様な情報を収集・管理・提供している学校図書館の機能の発揮が求められるのです。換言すれば、学校図書館を軸として「学び方の学び」を再構築するなかで、「知識を教え込む教育」から「自ら学び自ら考える教育」への転換を図る道筋が見えてくるのです。

5　「学ぶ方法を、組織的に学ぶ場」としての学校図書館

こうした視点から、一九八〇年代に「学び方の学び」の重要性を提起した二点の文献を紹介しま

す。

一冊目は、一九八二年に刊行された『自学能力を高める学校図書館の利用指導』（全国学校図書館協議会）です。同書は、利用指導を「自主学習の能力を育成するための、図書館や資料の活用法の指導」であり「学び方の指導」であるという見地から、これまでの利用指導のあり方に大幅な見直しを加えました。

その最大の変更点は、利用指導の目標が、「資料や図書館についての知識・技能・態度の指導」から「自主的な学習のしかたの指導」へと変化したことです。[45]利用指導概念の変化がここには端的に現れています。そして、新たな利用指導の意義を次のように述べています。

学校図書館の利用指導とは、児童生徒に図書館および資料の利用法を修得させることにより、主体的に学習する能力を育成する指導である。[46]

そして、その中心概念である「主体的な学習」について、次のように説明しています。

児童生徒が、与えられた課題あるいは自ら設定した研究主題について、学習の計画を立て、必要な資料を収集し、それらを活用して学習活動を展開し、成果をまとめて発表することを意味している。[47]

利用指導は、「技術」の習得にとどまらず、このように「学び方」と結び付けて意義づけられるようになりました。利用指導は、「主体的に学習する能力を育成する指導」であると。その「主体的な学習」には、課題の自己設定→学習計画の樹立→資料の収集→学習活動の展開→学習の成果の発表、という一連のプロセスが含まれているという指摘です。そして、この「学び」を内実化するためには、図書館資料の検索・分析・加工に関する指導、すなわち利用指導が必要だとしています。その指導によって培われた「力」が「主体的な学習」を担保し、さらにその力は、すべての学習活動を展開する際の基礎的力となり、次の「主体的な学習」を支えるのです。

二冊目は、一九八三年に刊行された『小学校、中学校における学校図書館の利用と指導』という文部省の手引書です。同書はまず、学校図書館の存在意義を次のように述べています。

> 学校教育が果たすべき重要な役割の一つは、児童生徒に、学ぶことの喜びを体験させ、その意義を理解させて、できるだけ早い時期から自主的な学習への動機付けをしておくことが必要である。つまり、学校教育の期間中に児童生徒に学習方法を習得させ、自主的な学習能力を育成することが肝要である。そのためには、学校図書館は初等教育から高等教育、更に生涯を通じて、効率的に学習を続けるための基礎的技能としての学ぶ方法を、組織的に学ぶための場として提供されなければならない(48)。

「学校教育の期間中に児童生徒に学習方法を習得させ、自主的な学習能力を育成することが肝要である」と、学習方法の習得と自主的な学習能力の育成をセットで述べています。ここでも、「学ぶ方法を、組織的に学ぶための場」としての学校図書館の重要性を指摘しています。それは、学校図書館の利用指導は、「学び方の学び」を習得するのに重要だという指摘でもあります。

同書では、利用指導の目標の一つとして「自ら考え、正しく判断する主体的な学習態度の育成」[49]を掲げていますが、「自ら考え、正しく判断できる」という子ども像は、七六答申（教育課程審議会答申）のキーワードです。この答申に基づいて改訂された学習指導要領（一九七七年）には、小・中学校を通して、利用指導の必要性が明文化されました。そうした趣旨を手引書として担保したのが、この『小学校、中学校における学校図書館の利用と指導』でした。教育課程審議会での「自ら考え、正しく判断できる」子どもの育成という教育観は、学習指導要領に反映され、同書によって学校図書館の利用指導概念に変化をもたらしたのです。

6 「学び方を学ぶ」ための体系表——一九九〇年代から

「学び方を学ぶ」ための体系表（全国学校図書館協議会）

①「資料・情報を活用する学び方の指導」（一九九二年）

平成の時代を迎えた一九八九年、学習指導要領が改訂されました。この改訂では、「自ら学ぶ意欲と社会の変化に主体的に対応できる能力の育成を図る」ことを基本的なねらいとしました。

そうしたなか、全国学校図書館協議会は、一九九二年に新たな利用指導の体系表を発表しました。「資料・情報を活用する学び方の指導[50]」です。最大の変更点は、これまでの「利用指導」という名称を、「資料・情報」「学び方」をキーワードに変更した点です。それに伴い、指導内容も情報化への対応を軸に、対象項目を「情報」という概念で統一し、四領域に類型化しました。①情報と図書館、②情報源の探し方、③情報源の使い方、④情報のまとめ方です。その改定の趣旨を、次のように説明しています。

現代の教育に強く求められているのは、断片的な知識の注入ではなく氾濫する大量の情報のなかから、必要なときに必要な情報を検索・評価・選択・活用し、新しい情報を創造・発信する能力の育成である。（略）それこそ子どもたちにとって、「学び方を学ぶ」学習活動である。

求められる能力は、「必要なときに必要な情報を検索・評価・選択・活用し、新しい情報を創造・発信する能力」であり、その力を育成することが「学び方を学ぶ」学習活動であるという認識に立っています。これは利用指導概念の大きな転換であり、以後、利用指導は、「学び方を学ぶ」学習活動へと変化したのです。

②「情報・メディアを活用する学び方の指導体系表」（二〇〇四年）

一九九八年に出された学習指導要領は、自ら学び自ら考える力などの「生きる力」の育成を基軸に、「ゆとり」と「基礎・基本」の重視というこれまでの教育改革の動向を継承したものです。主体的に学ぶ方法の習得が、生涯にわたる「生きる力」になるように、学び方の指導がさらに求められるようになりました。「生きる力」が、「自ら学び自ら考える」力の育成とともに、二十一世紀初頭の学校教育のキーワードとして登場してきました。特に、この学習指導要領を機に創設された「総合的な学習の時間」は、多様な「モノ」（資料やメディア）を活用して「無形状」な情報を検索し、それを分析・加工する、そのための学び方の指導を内在化しています。

こうした変化に対応して、全国学校図書館協議会は、二〇〇四年に利用指導の新たな体系表を発表しました。「情報・メディアを活用する学び方の指導体系表」[51]です。体系表に盛り込まれた指導内容も、子どもたちが自ら課題を見つけ、調べ、問題を解決してまとめていく一連の学習活動に沿うように、指導領域として四つの領域を設定しました。①学習と情報・メディア、②学習に役立つメディアの使い方、③情報の活用の仕方、④学習結果のまとめ方、です。そして領域ごとに、小学校（低学年、中学年、高学年）、中学校、高等学校での指導事項が詳細に例示されています。全体を通して電子メディアにも注意が払われ、情報の取り扱い方（インターネット、著作権、情報モラル、個人情報）にも指導が及ぶようになりました。

学校図書館が所蔵している資料（メディア）は「知識の宇宙」そのものです。これは学校図書館が、学校のなかで特異な性質を有した地位を保っていることと関連しています。学校教育は、膨大な知識のなかからその一端を特性に応じて切り取り、各教科・学年に振り分けて展開されます。教科書は切り取られた知識の集積体です。その点、学校図書館資料は教科横断的であり、教科と教科とを結合するという特性があります。学校図書館が、教科横断的特性を有していることは、その資料は、利用の仕方によっては①子どもの学びを支える「学習材」として広く利用されると同時に、②すべての資料が教師の教授過程を豊かにする「教材」にも転化する可能性を秘めている、ということなのです。つまり、この特性は、一斉画一型の学習形態の転換を内側から支えるうえで重要な要素であり、「学び方の学び」は、そうした転換を支える「カギ」でもあるのです。

「生きる力」——情報に対する主体的態度

「生きる力」は、今日の教育のキーワードです。その「生きる力」は、前述のように一九九八年の学習指導要領で登場しました。総則には、次のように記されています。

> 学校の教育活動を進めるに当たっては、各学校において、児童に生きる力をはぐくむことを目指し、創意工夫を生かし特色ある教育活動を展開する中で、自ら学び自ら考える力の育成を図るとともに、基礎的・基本的な内容の確実な定着を図り、個性を生かす教育の充実に努めなければならない。

そして「生きる力」は、この学習指導要領の改訂に先立つ中央教育審議会答申（一九九六年）で、初めて登場した新しい子ども像です。[52] その答申では、「子供たちの生活の現状」を詳細に分析しています。それによると、①ゆとりのない生活、②社会性の不足や倫理観の問題、③自立の遅れ、などのマイナス面を最初にあげ、続いて①健康・体力の問題、②現代の子どもの積極面、についてプラスの評価をしています。また、「学校生活をめぐる状況」については、以下のように分析しています。

・学校に対する満足度は、「全体としては、学校生活を楽しいと考えている子供たちが多いものの、中学校、高等学校と進むにつれて学校生活への満足度が減少してくるという傾向がうかがえる」。

・通塾率は増加傾向にあり、「その要因とされる過熱化した受験競争については、本来の学ぶ目的を見失わせたり、子供の発達や人間形成に悪影響を与えたりすることが懸念される」。

・いじめや登校拒否の問題は「極めて憂慮すべき状況」にあり、特にいじめについては、「これを苦にしたと考えられる自殺事件が相次いで発生しており、憂慮に堪えない」。

こうした分析からは、この答申が出された時代（一九九六年）の子どもが置かれた状況の一端をうかがい知ることができます。そして、ここで指摘された様々な問題は、今日もなお大きな課題として横たわっています。

どのような子ども像を思い描いたらいいのでしょうか。どのような学校を描いたらいいのでしょうか。そうしたなか答申は、「生きる力」の育成を基軸として、「これからの学校像」を描きました。

「生きる力」の育成を基本とし、知識を一方的に教え込むことになりがちであった教育から、子供たちが、自ら学び、自ら考える教育への転換を目指す。そして、知・徳・体のバランスのとれた教育を展開し、豊かな人間性とたくましい体をはぐくんでいく。(53)

改めて、「知識を一方的に教え込むことになりがちであった教育」から、「自ら学び、自ら考える教育」への転換がうたわれています。「生きる力」を育成するためには、そうした教育の転換が必要だということです。

今日、文部科学省のウェブサイトには次のような説明があります。

「生きる力」とは、変化の激しいこれからの社会を生きる子どもたちに身に付けさせたい「確かな学力」、「豊かな人間性」、「健康と体力」の三つの要素からなる力。[54]

そして、「確かな学力」とは、「知識や技能はもちろんのこと、これに加えて、学ぶ意欲や自分で課題を見付け、自ら学び、主体的に判断し、行動し、よりよく問題解決する資質や能力等まで含めたもの」と解説しています。「生きる力」は、「自分で課題を見付け、自ら学び、主体的に判断し、行動」する力を含んでいるのです。情報をうのみにしないで、多様な情報を比較・検討しながら自分の考えを確立していく力の必要性です。それは、情報に対する能動的姿勢であり、「学び方の学び」の習得の必要性を意味しています。

そして、全国学校図書館協議会もまた、「学校図書館憲章」（一九九一年）で、社会の大きな変化のなかでの主体的な学習の重要性と関わり、次のように述べています。

学校は学習を構造的に改革し、児童生徒が自ら課題を発見し、情報を探索し、発表し、討論して、創造的に知識を自己のものとするような学習を展開することが至上の命題となってきた。この学習は、とりも直さず生涯にわたる自己教育の方法を会得させ、自学能力を高める教育を推進することにほかならない(55)。

「児童生徒が自ら課題を発見し、情報を探索し、発表し、討論して、創造的に知識を自己のものとするような学習」の展開の必要性を指摘しています。「学び方の学び」について論じています。

そして二〇〇九年に、学習・情報センターの教育的機能を改めて提起した報告書「これからの学校図書館の活用の在り方等について」が出されました。そのなかに、「学習・情報センター」の機能と関連し、次のような指摘があります。

学校図書館は、児童生徒の自発的、主体的な学習活動を支援するとともに、情報の収集・選択・活用能力を育成して、教育課程の展開に寄与する(56)。

「自発的、主体的な学習活動の支援」と「情報の収集・選択・活用能力の育成」が一体として捉えられ、教育課程の展開への寄与に結び付けられています。いわば、「学び方の学び」が、日々の学習を支えていくという指摘です。

人間は、誰もが自分を成長発達の個体の主人公として、自分自身の主体形成への願いをもっています。学習でもそれは同様であり、学習の主人公が自分であることを子ども自らが感じたとき、子どもはそれまでとは違う感動を覚え、大きな力を発揮するのです。

7 「学びの過程の重視」——新学習指導要領

「どのように学ぶか」——文科大臣諮問

大学を含めて、学校では物事を教えすぎるが、ある点では、本当に教えてもらいたいことをちっとも教えてくれない。「知識はおしえるけれど、知識の獲得のしかたは、あまりおしえてくれない」と述べたのは、社会人類学者・梅棹忠夫（一九二〇—二〇一〇）です。一九六九年刊行の『知的生産の技術』で、「うけ身では学問はできない。学問は自分がするものであって、だれかにおしえてもらうものではない」、そのためには「情報の生産、処理、伝達について、基礎的な訓練を、小学校・中学校のころから、みっちりとしこんでおくべきである」[57]と指摘しています。自発的で主体的な学びができるためには、「知識の獲得のしかた」の習得が重要だという指摘です。

その梅棹の指摘から約半世紀を経て、今日「学び方の学び」が大きな教育課題として登場してきました。新学習指導要領の改訂に向けて出された文部科学大臣の諮問は、次のような「学び」の視点を提起しています。

ある事柄に関する知識の伝達だけに偏らず、学ぶことと社会とのつながりをより意識した教育を行い、子供たちがそうした教育のプロセスを通じて、基礎的な知識・技能を習得するとともに、実社会や実生活の中でそれらを活用しながら、自ら課題を発見し、その解決に向けて主体的・協働的に探究し、学びの成果等を表現し、更に実践に生かしていけるようにすることが重要である。(58)

「知識の伝達だけに偏らず」、「自ら課題を発見し、その解決に向けて主体的・協働的に探究」することの重要性の指摘です。そして引き続き、次のように述べています。

そのために必要な力を子供たちに育むためには、「何を教えるか」という知識の質や量の改善はもちろんのこと、「どのように学ぶか」という、学びの質や深まりを重視することが必要であり、課題の発見と解決に向けて主体的・協働的に学ぶ学習(いわゆる「アクティブ・ラーニング」)や、そのための指導の方法等を充実させていく必要があります。こうした学習・指導方法は、知識・技能を定着させる上でも、また、子供たちの学習意欲を高める上でも効果的であることが、これまでの実践の成果から指摘されています。

「何を教えるか」(知識の質や量)の改善はもちろんだが、「どのように学ぶか」(学びの質や深まり)という「学び方」を重視するという指摘です。従来の学習指導要領は、児童・生徒に、「どのような内容」を教えるかの記述が中心であり、その結果、学習を通じて「知識として何を知ったか」が重視されがちでした。しかし「諮問」では、「どのように学ぶか」という「学び方」の視点が新たに加えられたのです。

「大学入学共通テスト」

こうした「学びの質や深まり」は、大学入学試験にも変化をもたらしつつあります。その入学試験で「何を問うか」は、常に大きな問題です。学習の成果を問うことは当然ですが、「どのような成果」を問うかによって試験の性格は変わります。詰め込んだ知識の量なのか、その知識をもとにして分析・加工・表現する力なのか、それによって試験の内容は変わります。大学だけでなく、小学校、中学校、そして高等学校もこの問題に苦慮し、工夫してきた問題です。

その入学試験の一つである大学入学試験が、二〇二一年から大きく変わり、名称もこれまでの「大学入試センター試験」から「大学入学共通テスト」に変更になります。大学入試センターによると、この共通テストは「各教科・科目の特質に応じ、知識・技能を十分有しているかの評価も行いつつ、思考力・判断力・表現力を中心に評価を行うもの」[59]とされています。

その「大学入学共通テスト」の第一回試行調査（プレテスト）が、新学習指導要領の実施を前に、全国の高校の四割約千九百校で実施され（二〇一七年十一月）、問題も公表されました。こうした方針を反映して、問題の作成責任者は、「新しい学習指導要領を意識し、思考力・判断力・表現力を問うことを重視した」（「朝日新聞」二〇一七年十二月五日付）、「新学習指導要領を意識し、粘り強く考えて解く「探求型」の問題を重視した」(「毎日新聞」同日付)と述べています。

第一回試行調査では、日常生活を題材に、多くの資料を読み、その意味の理解を求める問題が多く出され、記述式問題も増加しました。これまでの教科書の記述の理解に重点が置かれた「センター試験」とは様変わりしようとしています。そのため、「今の授業じゃ解けない」「面食らう生徒対策悩む教員」(「朝日新聞」二〇一七年十二月五日付)、「新テストに戸惑い」「生徒「全く違う対策必要」」(「毎日新聞」同日付)、「考える力測る　難問多く正答率伸びず」(「読売新聞」同日付)という記事も見受けられました。

この大学入試改革を推進してきた前中央教育審議会長は、「新「大学入試共通テスト」をどう見る」(「朝日新聞」二〇一七年十二月十日付)という記事のなかで、共通テストを導入するねらいは「入試改革ではなく、教育改革、社会改革です」と述べ、次のように続けています。

今までの教育は、言われたことを覚えれば良かった。しかし、今後は世界にあふれる情報の中で何が大事かを理解し、構造化して、明快に表現できなければなりません。

「今までの教育は、言われたことを覚えれば良かった」。同様の指摘は、すでに四十年前(一九七八年)にされています。本章でも先に紹介した、当時の教育課程審議会長の次の発言です。

今の学力というのは、与えたものをどれだけ消化しているか、それだけをテストしようという気持ちが多いんじゃないですか。つまり受け取ってはき出すだけでしょう。およそ無駄でばかばかしいことなんでね。

高度経済成長の終焉後、新たな教育像が求められていたころでした。この発言のなかでは、子どもに「考える力」「発見する喜び」をもたせたいとも述べていました。時代は大きく変わりましたが、今日の社会も不確実性を帯び、先行き不透明な時代です。高度経済成長終焉後と同じく、新たな教育像が求められています。その予測困難、不透明な時代を生きる子どもたちには、自ら課題を見つけ、その課題を解決していく力が求められています。「言われたことを覚えればよし」という時代ではないのです。そして「構造化、表現」できるためには、自分の力で情報を獲得し、その情報を分析・評価できなければなりません。それが「構造化」の要素であり、結果として「明快に表現」することができるのです。そのためには、「学び方の学び」を身に付けることが不可欠なのです。

「学びの過程の重視」

新学習指導要領のキーワードは、「主体的・対話的で深い学び」ですが、同時に「学び方の学び」も重要視されています。その新学習指導要領の「総則」では、各教科などの指導にあたって「配慮」すべき事項として次のように述べています。

児童が各教科等の特質に応じた見方・考え方を働かせながら、知識を相互に関連付けてより深く理解したり、情報を精査して考えを形成したり、問題を見いだして解決策を考えたり、思いや考えを基に創造したりすることに向かう過程を重視した学習の充実を図ること。（小学校学習指導要領）

「学びの過程を重視」した学習について指摘しています。そして学校図書館については、次のように述べています。

学校図書館を計画的に利用しその機能の活用を図り、児童の主体的・対話的で深い学びの実現に向けた授業改善に生かすとともに、児童の自主的、自発的な学習活動や読書活動を充実すること（略）。

「主体的・対話的で深い学び」を実現するためには、学校図書館は「計画的に利用」されなければなりません。そしてその「計画」のなかには、「学び方の学び」が内在化されていなければなりません。学校図書館機能の発揮を通じて、「知識を相互に関連付けてより深く理解したり、情報を精査して考えを形成したり、問題を見いだして解決策を考えたり、思いや考えを基に創造」（学習指導要領）することができるのです。これこそが「学び方の学び」であり、それは新しい教育を創造するキーワードです。その要に、学校図書館があるのです。

おわりに

「あたり前のことを」疑いなさい――「コペル君」への叔父さんからのアドバイス

最後に、再び「コペル君」について述べます。コペル君の叔父さんは、「ニュートンの林檎―（「どうしてニュートンは、林檎の落ちるのを見て、引力というアイデアを思いついたのかというあの万有引力の発見」）の話をした後に、次のようにアドバイスをしています。

だからねえ、コペル君、あたりまえのことというのが曲者《くせもの》なんだよ。わかり切ったことのように考え、それで通っていることを、どこまでも追っかけて考えてゆくと、もうわかり切ったことだなんて、言っていられないようなことにぶつかるんだね。(60)

そしてさらに、「もりもり勉強して（略）、その頂上で仕事をするんだ」とアドバイスをした後に、次のようにも語っています。

しかし、そののぼり切ったところで仕事をするためには、いや、そこまでのぼり切るためにだって、――コペル君、よく覚えておきたまえ、――君が夜中に眼をさまし、自分の疑問をど

こまでも追っていった、あの精神を失ってしまってはいけないのだよ。(61)

叔父さんはコペル君に、「あたり前のこと」を疑い、自分の頭で考えることの大切さを話しています。さらに、次のようにも語っています。

もしも君が、学校でこう教えられ、世間でもそれが立派なこととして通っているからといって、ただそれだけで、いわれたとおりに行動し、教えられたとおりに生きてゆこうとするならば、――コペル君、いいか、それじゃあ、君はいつまでたっても一人前の人間になれないんだ。(62)

学校で、社会で立派なこととして通っていることを疑い、その疑問をどこまでも追いかけ、自分の頭で考えることの大切さを説いているのです。そして「一人前の人間」になるんだと。

しかしこの時代は、その「あたりまえのこと」を当たり前として考え、行動することが困難になりつつありました。コペル君が中学生の時代、わが国は軍国主義のまっただなかにあり、時代は個人をその渦のなかに巻き込んでいったからです。そのために、「どう生きるか」は、どのような思いを胸に抱くかと同時に、生きている「生《なま》」の社会をどのように理解するかと深く関わっているのです。同書の最後に、政治学の泰斗・丸山真男が「『君たちはどう生きるか』をめぐる回想」という一文を記しています。そのなかで、丸山は「この一九三〇年代末の書物に展開されているのは、人生いかに生くべきか、という倫理だけではなくて、社会科学的認識とは何かという問題であり、むしろそうした社会認識の問題ときりはなせないかたちで、人間のモラルが問われている(63)」と解説しています（傍点は原文）。コペル君が名付けた「人間分子の関係、網目《あみめ》の法則(64)」――粉ミルクが、オーストラリアから、赤ん坊のコペル君のところに届くまでのプロセス――を通じて、コペル君は、人間は分子のようにお互いに交じり合い、そしてつながっている社会であることを認識します。コペル君が、人間と社会への眼を初めて開かれる場面です。倫理の問題と社会科学の問題は分かち難く結び付いているのです。

「主体」形成と「学び方の学び」

その丸山はまた、世界の「客観的」認識というのは、「どこまで行っても私達の「主体」の側のあり方の問題であり、主体の利害、主体の責任とわかちがたく結びあわされている」、その意味で「まさしく私達が「どう生きるか」が問われている(65)」と論じています。「どこまで行っても私達の「主体」の側のあり方の問題」だと、とても厳しい問いかけです。この問いは、自らが「どう生きるか」と深く関わっています。しかし、その「生」を真っすぐに、ときには曲がりくねりながらも生き抜くためには、自分が置かれた状況を正しく認識し、その先にある方向性を見定めなければなりません。そのためには、様々な情報の入手が必要であり、その情報をもとに、自分で解決を考え出していかなければなりません。

しかしコペル君が中学生の時代は、その情報の入手自体が困難な時代でもありました。それでもなお、叔父さんは「あたりまえのことというのが曲者《くせもの》なんだよ」「いわれたとおりに行動し、教えられたとおりに生きてゆこうとするならば、――コペル君、いいか――それじゃあ、君はいつまでたっても一人前の人間になれないんだ」と、コペル君にアドバイスします。自分で考えよ、もっともっと考えよ、きっとその先に、コペル君の新しい世界、未来が広がっていく。コペル君にかけた叔父さんの願いだと思います。

「コペル君」が世に出てから約八十年、情報は社会に満ち溢れています。そして今日では、その情報を入手し、分析・加工できる「力」を獲得することは「一人前の人間」になるためにもとても大切なことです。それはまた、今日の教育課題でもある「生きる力」にも通じることです。冒頭に紹介したように、文部科学省は「生きる力」を解説したウェブサイトに、「生きる力」には「物事を多様な観点から考察する力（クリティカル・シンキング）」が求められると説明しています。クリティカル（critical）とは「批判的な」という意味です。しかし、その「批判」という語の「批」には「よしあしを判定する。品定めする」、「判」には「見わける。区別する」という意味があります。[66]ですからクリティカル・シンキング（critical thinking）とは、物事や情報を無批判的に受け入れるのではなく、多様な観点から「よしあしを判定」し、「見わけ」て、論理的・客観的に理解することです。前述の『新教育指針』で指摘されたように情報に「無批判的に従うのではなく」[67]、「批判的にものを解決する態度を養う」[68]（『学校図書館の手引』）ことによって、物事を論理的・客観的に把握することです。そして、情報とのこうした向き合い方は、本章のテーマでもある「学び方の学び」の核心でもあるのです。

丸山真男は、既述のように、世界の「客観的」認識というのは、「どこまで行っても私達の「主体」の側のあり方」と深く関わっていると言います。その「主体」形成にとっても、「学び方の学び」は大きな意義を有しています。そのことによって、「自ら考え、自ら判断する」ことができ、そして「主体」が形成されていくのです。それは、「成長・発達の権利」としての学習権を充足することでもあるのです。

「コペル君」の最後は、次の言葉で終わっています。

君たちは、どう生きるか(69)

著者・吉野源三郎が、いまも私たちに問いかけています。

注

(1) 吉野源三郎『君たちはどう生きるか』は、山本有三編纂『日本少国民文庫』(新潮社、全十六巻)の最終配本として一九三七年に刊行された。戦後に若干の変更が加えられ、ポプラ社や岩波書店から出版された。本章で参照したのは、岩波書店版(〔岩波文庫〕、一九八二年初版)である。

(2) 吉野源三郎「作品について」同書所収、三〇二ページ

(3) 同書五六ページ

(4) 文部省編「新教育指針」、寺崎昌男責任編集、小川利夫/平原春好企画・編集『戦後教育改革構想

1期』第二巻（日本現代教育基本文献叢書）所収、日本図書センター、二〇〇〇年、七ページ
（5）同書七ページ
（6）前掲『君たちはどう生きるか』二五五―二五六ページ
（7）文部省編『学校図書館の手引』師範学校教科書、一九四八年、四ページ
（8）前掲「学校・家庭・地域が力をあわせ、社会全体で、子どもたちの「生きる力」をはぐくむために生きる力」（［二〇一八年二月二十日アクセス］
（9）竹林滋編集代表『新英和大辞典 第六版』研究社、二〇〇二年、五八六、二五三六ページ
（10）前掲「幼稚園、小学校、中学校、高等学校、盲学校、聾学校及び養護学校の教育課程の基準の改善について（答申）」一九九八年七月二十九日［二〇一八年二月二十日アクセス］
（11）教育課程審議会「小学校、中学校及び高等学校の教育課程の基準について（答申）」一九七六年十二月十八日、国立教育政策研究所「教育課程の改善の方針、各教科等の目標、評価の観点等の変遷――教育課程審議会答申、学習資料要領、指導要録（昭和22年～平成15年）」所収（https://www.nier.go.jp/kiso/sisitu/siryou1/all.pdf）［二〇一八年二月二十日アクセス］
（12）高村象平「教育課程改訂の考え方――答申の主張は『急がば回れ』方式」「朝日新聞」一九七六年十二月三十一日付
（13）深川恒喜「「学校図書館の手引き」編集の前後」、全国学校図書館協議会編「学校図書館」第二百十号、全国学校図書館協議会、一九六八年、四九ページ
（14）前掲『学校図書館の手引』八七ページ
（15）同書八八ページ
（16）図書館教育研究会編『図書館教育――読書指導の手引』（「学校図書館学叢書」第二集）、学芸図書、

一九五二年、六ページ
(17) 同書六―一二ページ
(18) 阪本一郎「学校図書館の処女地」、全国学校図書館協議会編「学校図書館」第九号、全国学校図書館協議会、一九五一年、一〇ページ
(19) 同論文一四ページ
(20) 阪本一郎「学校図書館の本質と理想――教育における意味と目的」、教育技術連盟編『学校図書館法による学校図書館の設備と運営』所収、小学館、一九五三年、二四ページ
(21) 前掲『学校図書館の手引』八七ページ
(22) 全国学校図書館協議会「学校図書館憲章」全国学校図書館協議会、一九九一年（http://www.j-sla.or.jp/material/sla/post-33.html）［二〇一八年二月二十日アクセス］
(23) 前掲「文部委員会会議録第十二号」一九五三年七月二十四日［二〇一八年二月三日アクセス］
(24) 「教育課程審議会」、文部省編「文部時報」第九百六十三号、帝国地方行政学会、一九五七年、四〇―四一ページ
(25) 今野喜清「戦後の教育思潮と学習指導法の変遷」、文部科学省教育課程課／幼児教育課編「初等教育資料」第四百二十四号、東洋館出版社、一九八二年、二―三ページ
(26) 「教材センター論をめぐって（座談会）」、全国学校図書館協議会編「学校図書館」第百二十七号、全国学校図書館協議会、一九六一年、一六―一七ページ
(27) 笠原良郎「スキルの指導から学びかたの教育へ――利用指導の40年」、全国学校図書館協議会編「学校図書館」第四百八十二号、全国学校図書館協議会、一九九〇年、四七―四八ページ
(28) 一九六八年改訂の小学校の学習指導要領で、利用指導は特別活動のなかの「学級指導」のなかに位

置づけられた。次の記述である。「学級指導においては、学校給食、保健指導、安全指導、学校図書館の利用指導その他学級を中心として指導する教育活動を適宜行なうものとする」（https://www.nier.go.jp/guideline/s43e/chap4.htm）［二〇一八年二月三日アクセス］

（29）文部省編『小学校における学校図書館の利用指導』大日本図書、一九七〇年、一三ページ

（30）同書一四ページ

（31）同書九ページ

（32）全国学校図書館協議会利用指導委員会編『学校図書館の利用指導の計画と方法』全国学校図書館協議会、一九七一年、一四ページ

（33）北島武彦／小山郁子「利用指導の現状と課題（調査報告）」、全国学校図書館協議会編「学校図書館」第二百八十三号、全国学校図書館協議会、一九七四年、二五―二九ページ

（34）北嶋武彦ほか「学校教育における児童・生徒の情報処理能力の育成に関する研究」、日本図書館研究会編「図書館界」第三十五巻第三号、日本図書館研究会、一九八三年、一三八―一四三ページ

（35）永井道雄／木田宏／奥田真丈「日本の教育と学力――いまの子どもに必要なものは何か 特別座談会」、エイデル研究所編「季刊教育法」第五十号、エイデル研究所、一九八四年、一八〇ページ（発言者は木田宏）

（36）教育課程審議会「教育課程の基準の改善について（最終答申）」一九八七年十二月二十九日（https://www.jstage.jst.go.jp/article/jjsei/3/4/3_KJ00002152565/_article/-char/ja/）［二〇一八年二月二十日アクセス］

（37）臨時教育審議会「教育改革に関する第二次答申」、臨時教育審議会編集「臨教審だより」一九八六年四月臨時増刊号、第一法規出版、一九八六年、三四ページ

(38)前掲「幼稚園、小学校、中学校及び高等学校の教育課程の基準の改善について（答申）」
(39)「教育改革と学校図書館 1」での発言（全国学校図書館協議会「学校図書館」第三百三十三号、全国学校図書館協議会、一九七八年、四〇ページ。発言者は高村象平）。
(40)佐野友彦「学校図書館の理念はどう変わったか 2」、全国学校図書館協議会編「学校図書館」第四百八十三号、全国学校図書館協議会、一九九一年、五三―五四ページ
(41)全国学校図書館協議会提言委員会編『学ぶものの立場にたつ教育を――21世紀を生きる教育 教育改革への提言』全国学校図書館協議会、一九八五年、二〇ページ
(42)図書館情報学ハンドブック編集委員会編『図書館情報学ハンドブック 第二版』丸善、一九九九年、三三五〇ページ
(43)「Information Literacy Competency Standards for Higher Education 高等教育のための情報リテラシー能力基準」野末俊比古訳、二〇〇〇年一月十八日、ＡＣＲＬ／ＡＬＡ理事会承認（http://www.ala.org/acrl/sites/ala.org.acrl/files/content/standards/InfoLiteracy-Japanese.pdf）［二〇一八年二月二十日アクセス］
(44)同ウェブサイト
(45)全国学校図書館協議会利用指導委員会編『自学能力を高める学校図書館の利用指導』全国学校図書館協議会、一九八二年、二九ページ
(46)同書九ページ
(47)同書九ページ
(48)文部省編『小学校、中学校における学校図書館の利用と指導』（「学校図書館指導資料」第一巻）、ぎょうせい、一九八三年、三ページ

(49) 同書一二ページ

(50) 笠原良郎「「資料・情報を活用する学び方の指導」体系表をまとめて」、全国学校図書館協議会編「学校図書館」第五百一号、全国学校図書館協議会、一九九二年、九―一三ページ

(51) 森洋三「情報・メディアを活用する学び方の指導体系表」、全国学校図書館協議会編「学校図書館」第六百四十三号、全国学校図書館協議会、二〇〇四年、一四―一七ページ

(52) 中央教育審議会「21世紀を展望した我が国の教育の在り方について（第一次答申）」一九九六年七月十九日（http://www.mext.go.jp/b_menu/shingi/chuuou/toushin/960701.htm）［二〇一八年二月二十日アクセス］

(53) 同答申

(54) 文部科学省「確かな学力」（http://www.mext.go.jp/a_menu/shotou/gakuryoku/korekara.htm）［二〇一八年二月二十日アクセス］

(55) 「学校図書館憲章」は、全国学校図書館協議会のウェブサイト（［http://www.j-sla.or.jp/material/sla/post-33.html］［二〇一八年二月二十日アクセス］）に掲載されている。

(56) 子どもの読書サポーターズ会議「これからの学校図書館の活用の在り方等について（報告）」二〇〇九年三月（http://www.mext.go.jp/a_menu/shotou/dokusho/meeting/__icsFiles/afieldfile/2009/05/08/1236373_1.pdf）［二〇一八年二月二十日アクセス］

(57) 梅棹忠夫『知的生産の技術』（岩波新書）、岩波書店、一九六九年、一―三、二一七ページ

(58) 中央教育審議会「初等中等教育における教育課程の基準等の在り方について（諮問）」二〇一四年十一月二十日（http://www.mext.go.jp/b_menu/shingi/chukyo/chukyo0/toushin/1353440.htm）［二〇一八年二月二十日アクセス］

(59)　文部科学省「大学入学共通テスト実施方針」(http://www.mext.go.jp/component/a_menu/education/micro_detail/__icsFiles/afieldfile/2017/10/24/1397731_001.pdf)［二〇一八年二月二十日アクセス］
(60)　前掲『君たちはどう生きるか』八一―八二ページ
(61)　同書九五―九六ページ
(62)　同書五五―五六ページ
(63)　丸山真男「『君たちどうは生きるか』をめぐる回想」、同書所収、三一〇ページ
(64)　同書八八ページ
(65)　同書三一七ページ
(66)　鎌田正／米山寅太郎『新漢語林』大修館書店、二〇〇四年、五二三、一五九ページ
(67)　前掲「新教育指針」七ページ
(68)　前掲『学校図書館の手引』四ページ
(69)　前掲『君たちはどう生きるか』二九九ページ

［著者略歴］
渡邊重夫（わたなべ しげお）
北海道学芸大学（現・北海道教育大学）札幌校卒業
藤女子大学教授を経て、現在は北海学園大学などで非常勤講師、全国SLA学校図書館スーパーバイザー。日本図書館情報学会会員、日本図書館研究会会員
日本図書館学会賞受賞（1990年、日本図書館学会）
著書に『学校図書館の可能性――自ら考え、判断できる子どもを育てる』（全国学校図書館協議会）、『学びと育ちを支える学校図書館』『学校図書館の力――司書教諭のための11章』『学校図書館概論』（いずれも勉誠出版）、『学校図書館の対話力――子ども・本・自由』『司書教諭という仕事』『図書館の自由と知る権利』（いずれも青弓社）など

子《こ》どもの人権《じんけん》と学校図書館《がっこうとしょかん》

発行……… 2018年9月25日　第1刷
定価……… 2000円＋税
著者……… 渡邊重夫
発行者…… 矢野恵二
発行所…… 株式会社青弓社
〒101-0061 東京都千代田区神田三崎町3-3-4
電話 03-3265-8548（代）
http://www.seikyusha.co.jp
印刷所…… 三松堂
製本所…… 三松堂

ISBN978-4-7872-0068-6 C0000